インナーマザー

Inner Mother

斎藤 学

家族機能研究所代表・
精神科医

あなたを責めつづける心の中の「お母さん」を手放す

大和書房

新装版のための「まえがき」

あなたは自分を単一の存在と考えていますか？

眠かったり、酒に酔ったりしているときのあなたも、「いつもの自分」のように振舞っていると思いますか？　車を運転しているときの自分は、歩行者のときと違っていませんか？

自分の中の別の自分に気づく機会は日常ありふれているのですが、ほとんどの人は一貫していて揺るがない自己というものがあると信じています。その中には、エリク・エリクソンのいう「自己同一性」という言葉にこだわる「アイデンティティ教」の信者もいるでしょう。

しかし、どうなのでしょう。自己はホントにただ一つのものなのでしょうか。そう考えるところから、現代人に特有の「自己同一性ノイローゼ」が始まるのかもしれません。この際「自己同一性ノイローゼ」から離れて、「自分はたくさんの自分たちから成っている」とか、「自分たちの中には少々危ない奴もいる」と考えてみてはいかがでしょう。そのほうが、自分というものを正しく認識し、機能的に使いこなすことができると思います。

「もう一人の自分」の中で、最も簡単に見つかるのは「批判者」です。この人は何かというとあなたを非難します。

「もっとがんばれ」「今、努力しないととんでもないことになるよ」から始まって、「それ食べちゃダメ、肥《ふと》るわよ」「この時間になったら食べちゃいけません」など一連のダイエット指導をしてくれたりします。この辺までくると、この「批判者」の素性が割れてきます。

そう、この人は、かつてあなたが幼かったときにあなたを何くれとなく世話し、叱ってくれた「お母さま」の残映です。ですから本物の「お母さま」とは違います。本物のほうは、思春期に入ってからのあなたの激しい批判や攻撃に萎縮《いしゅく》してしまって、あなたに向かって「ああせい」「こうせい」などと言えなくなっています。実際の母親がこのように権威を無くしてしまってからも、あなたは母親の叱責《しっせき》を必要としています。こうしたときに出現してくる「母亡き後の母」が、(あなたの心の中に)取り込まれた母、「インナーマザー」です。

そういう段取りになっているので、インナーマザーの支配力が強すぎる人の、本物の母親に出会ってみると、娘や息子の暴虐に耐えかねてボロボロになっていることが多いものです。

インナーマザーは、あなたを批判し、統制することで力を増していきます。そしてついには「ほら、ごらん。みんなあなたのことを見て嘲笑ってるじゃないの」「みっともないから、外を歩いちゃダメ」と言い張って、あなたに「ひきこもり」を強い、社会性や社交性を傷つけるようになります。これは少年や青年など男性の場合に多いのですが、「おまえは臭い、醜い」などと断定し、「だから世間に出ると皆さんに迷惑をかける」といった加害妄想にまで発展してしまうこともあります。

摂食障害者や長期間ひきこもりの人々と話す場合、すっかり萎縮しきっている「批判される側の患者」と話しているのか、スポークスマン役の「批判者＝インナーマザー」と話しているのかをはっきりさせておく必要があります。インナーマザーが前面に出ているな、と判断した場合には、「あなたを困らせている衝動的な人」についての噂話をするなどして、治療者がインナーマザーとは別の人物の存在にも気を遣っていることをわかってもらうようにします。

あなたの中の他者はここで取り上げるインナーマザーだけではありません。児童期に性的外傷などを負った場合に多いのですが、記憶喪失や偽痴呆を伴う解離《かいり》性同一性障害という形でもう一人（というより、この場合、十数人以上になるのが普通）の自分と出会うこともあります。

しかしその場合でも子細に見ていくと、そこには「母亡き後の母」を求めて、周囲にメッセージを届けようとしている人の努力の痕跡に出会うものです。

インナーマザーは臨床的に極めて有効な概念なのですが、まとまって語られることが少ないので、本書で取り上げてみました。本書の大元は２００４年発刊ですが、「20年以上経った今でも色褪せない、不朽の名作だ」と編集部から連絡を受け、新装版が発刊されることになりました。この本を端緒に、母と子が、治療者と被治療者が、被治療者同士が、回復のための新たな回路を見つけられると信じています。

二〇二五年三月

家族機能研究所代表、精神科医

斎藤　学《さとる》

インナーマザー　目次

第2章 「私」と「母」を分ける

第3章 「インナーマザー」と「親教」

第4章 「親教」のマインドコントロールを解く方法

第5章 スムーズに親離れ、子別れする方法

プロローグ

自分への過酷な批判者「インナーマザー」

もう一つの自分が、体から浮き上がっている感覚

A子さんは三〇歳です。一四歳のときに父親に先立たれ、それからしばらくして不登校が始まりました。高校にも行ったり行かなかったりで、なんとか短大を卒業して就職したものの、「人と一緒にいると緊張する」とか「生きている実感がない」といって、浮遊するように暮らしていました。

そうしたA子さんを好きになった男性がいて、行き場を失った感じに悩んでいたA子さんは「とりあえず」結婚したのですが、やはりこの男性との生活にも身が入りません。そうかといって、離婚して実家に戻る気にもなれません。

こんな状態で治療を求めてきたA子さんと話してみると、やたらにお母さんの悪口をいいます。母は「気が利《き》かない」「鈍感だ」「冷たい」、こんな状態になったのも、母のせいだといいます。「どうして?」と聞いても、はっきりとは答えられないのですが、現在の不本意な状態が母親との関係からきているということは確信しているようです。聞いてみると、この母親批判は父方の祖母から譲り受けたもののようでした。

A子さんの家は両親とも公務員で共働きでしたから、この祖母が幼いA子さんの面倒をみてきたのです。面倒をみながら、祖母は嫁、つまりお母さんへの愚痴をA子さ

んにたれ流していたのでしょう。よくある話です。父親が死んだとき、祖母は「嫁に家を追い出される」と脅《おび》えていました。実際、数年後には老人ホームに移り、現在もそこで暮らしています。

私との対話が繰り返されるうちに、A子さんは、父親の死がいまだに実感されていない自分に気づくようになりました。

あの日、お父さんは元気に家を出て、職場で倒れ、午後には病院で死んでいたのです。A子さんは学校から病室へ行きました。父の枕元にいる母、取りすがって泣いている祖母を見ながら、A子さんは、少し前に知り合った男の子のことを考えていました。彼の家は牧場をやっていて、「夏休みになったら家に遊びにおいで」といってくれたのです。その楽しみのことを考えながら、目の前の光景をぼんやりと見ていました。魂が自分から抜けていく感じがしました。

実際、A子さんは今でも、自分の体の内部にある自分の一部が、頭一つ分だけ体から浮き上がっている感覚をはっきりと覚えています。病室を出るとき、A子さんはお父さんの足に触ってみました。生きているように温かかったそうです。

A子さんは、このときの放心状態(離人症《りじんしょう》性障害)をずっと引きずって生き続けてきたのでしょう。実際、彼女にはそのとき以降数年の記憶がほとんどありません。

非合理な罪悪感

父の死は誰にとってもショックですが、それにしてもA子さんの反応は強すぎるように思いました。こうした場合、私の頭には一つの解釈が浮かびます。A子さんは何か非合理的な罪の意識にとらわれているのだ。それは多分、お父さんの死に関連していて、お母さんに向けられたものだ、と。

おそらく思春期に入っていたA子さんは、父という異性に、今までとは違った感情を向け始めていたのでしょう。この感情は少女たちを不安で包むものですから、彼女たちはそのことをあまり考えないようにして、父親を避けようとします。そして大急ぎで、家の外の同世代の男の子に関心を向け変えます。

この感情はまた母親への罪悪感を生みます。罪悪感は反転して、母親批判として表現されることが多い。一方で、この罪悪感は娘の心の内に取り込まれ、自分に対する苛酷《かこく》な批判者「インナーマザー」(内なる母)になります。

インナーマザーは、自分の無能、怠惰、醜さを責め、いっときも心を休ませてくれません。これに取り憑《つ》かれた娘は、「仕事人間」になるか「何もしない完璧主義者」になる

か、さもなければ「痩《や》せた体を追求する拒食・過食症者」や「容貌にこだわる醜貌《しゅうぼう》恐怖者」になります。

インナーマザーの形成を妨げるのは、自分の存在をまるごと認めてくれるような母イメージ（これを「安全な母」といいます）なのですが、A子さんの場合、祖母との愛着関係が続いて、これが発達していなかったのは不幸なことでした。このような微妙な時期に、危ない母娘関係の中で、父親に急死されたのは不運でした。A子さんの罪悪感は病的なまでに高まったろうと思います。

そういうわけで、この時期の娘たちがお母さんを非難するのは、お母さんの嫉妬による攻撃を先制攻撃によって封じるためです。母親のほうに「良い母でなかった」という罪悪感を植え込み、自分と母の関係を安全なものに変えようとする誤った努力なのです。母親を軽侮《けいぶ》するために批判する場合もあります。この場合には、「お母さんはあんなに愚かなのだから、お母さんに愛されなくても平気」と、これまた自分のいる場所を安全なものにしようとしているのです。

母親批判の内容そのものは、じつはあまり重要ではなく、極端にいえば何でもよいのですが、A子さんの場合は、身近に母を批判する祖母がいたので、彼女の口癖を借りたのでしょう。その母親非難が一六年にわたって続いたのは、父の死のショックが、この時期のA子さんの感情を凍結し、時間感覚の障害をきたしたためです。A子さんの感情生活はいまだに一四歳の少女のままで、現在を生きていないのです。

母親への恨みの感情

このように私は考えたのですが、それをこのままA子さんに伝えたわけではありません。こんなことは彼女の意識に上っていることではないので、伝えてもキョトンとされるだけです。代わりに私は、お父さんの死の前後をたどり、心の中でお葬式を繰り返すように勧めました。

A子さんは、お母さんと一緒に父の倒れた場所に行き、病院への道をたどり、病室を訪れました。父の知人から、生前の父のことを聞いてきました。父の墓に行って佇《たたず》んできました。そのつどA子さんは一四歳の自分の存在を感じ、同時にそれを感じる現在の自分を意識できるようになりました。まもなくA子さんは、自分の体の中に一人で「お父さんのカケラ」を感じ取るという形で、お葬式の仕事をおえました。以下は、それについて書かれた彼女からの手紙の一部です。

A子さんからの手紙

「父とのつながり」を感じたあるできごと

「父の感情を取り込んでいる」とは、麻布のセッションの中で、気がついたことなのですが、母に対する嫉妬妄想みたいなものも、そう考えると納得いくようなところもあります。父の死について考えていて、一つ、あることが起こりました。

九月半ばから風邪をひいて咳がひどくなり、ぜんそく発作のように苦しみました。そんな中、TVのニュースや特集で二本ばかり立てつづけに肺結核の特集を見ました。それもふだん見る番組でもないのに新聞をひらくと目にとまるという具合でした。再び流行しているとか年配者の患者数は減っておらず、それは新たに感染するというより、かつて感染していて休眠状態にあった菌が年を取って体力が減ったところで発病するというものだというのです。

私はもしかして自分も結核かも、という大胆な予測のもとに受診しました。TV番組にのせられて不安になって受診するなど大げさすぎるかな、と受付で来診の主旨を告げる時少し恥ずかしく思いました。しかし、何でもなければそれでいいのだから、と自分に言いきかせ、別に恥ずかしがることはないと先生の前にすわり、経過を話しました。

胸のレントゲンを前にきかれたのは、「三～五歳位の時に肋膜炎か何かやりましたか?」というものでした。私は「肋膜炎はありませんが百日咳にかかったようです」と答えました。そして「親兄弟、親戚などに肺をわずらった人はいませんか?」ときかれ、私は「祖父が結核で亡くなっています」と答えました。すると先生は、「ああそう、そういう肺をしてますね」といいました。

私は「そんなことがわかるんですか?」と不思議に思ってききました。そして、「三~五歳の時に結核にかかっていたあとがある。その頃まわりにいた大人から感染したと思われる。百日咳というのもそうだったかどうか……でも今は治ってるから大丈夫、ただ風邪がなおりにくいということはありますし、タバコはすわない方がいいですね」と。

私が年をとってから再発するというTVで見た例を挙げると、「そのとおりです」と。私が、たしかに祖父は結核で亡くなっているが、私が生まれた時は既に死んでいたのだというと、「例えばそこにいたあなたのお父さんに感染していて、それがあなたに感染した、というようなこともある」といわれる。

父は四五歳で急性心不全で亡くなったと話すと、「カラ咳は心臓の方からくることもあるが(ずっとヘンな咳をしていたらしい)、急死というところを見ると肺結核だったということも考えられますね。今となってはわかりませんが、おじいちゃんから、お父さん、あなたへということが……」といわれる。父はヘビースモーカーだったから、自ら寿命を縮めたことは確かかもしれないな、と思った。

私は内心ショックだったけど、わかってよかった、と思った。そして何より自分の直感が当たっていたことにおどろきと不思議を感じた。そして正直、何ともいえず、うれしい気もしたのだ。結核菌を持っててうれしいというのも変なんだけれど、それが父とのつながりのような気がしたのだ。このことは母にはいっていない。私と父との間の大切な秘密にしておきたいと思う。

体はすべて憶えている

その後、改めて、「百日咳って本当に百日続くの？　その間は寝てるの？」と、母にきいてみた。すると「別に百日ってことはない、それに別に昼間はふつうに保育園に行ったりして夜寝るときになると咳が出てくるのよ」という。「でも、それにしても薬とかずっと飲んだりさせるんじゃないの？」とかしつこくきくと、「どうだったかねえ、そんな大したことじゃないのよ、ただ咳がでるってそれだけよ」といわれる。

私は祖母から小さい時はよく病気して大変だったとか聞かされたから、母も大変だった、くらいいうかな、なんて少し期待したんだけれど、母には、小さい頃の私のことはあまり記憶にないらしかった。

少し寂しかったが仕方ないと思う。百日とはいわないまでも、ひと月やふた月の間私の咳につきあったのは祖母だし、よく中耳炎になって耳が痛くて痛くて眠れなくなって、氷まくらで冷やすのにいそがしかったのも、かぜで高熱を出した時、ジャガイモをすりおろして小麦粉とまぜて湿布をしてくれたのも、縁側から落ちて脱臼した私をおぶって医者まで走ったのも、みんな祖母なのだ。

母は心配するけれど、それだけの人。本当に心から人を心配する人だったら、半年以上もへんな咳をしつづけている夫を病院にもつれていかずに放っておくはずはないと思う。

今、私は顎《がく》関節症という病気を持っていて、歯科のお世話になっているのだが、そこの先生にも、歯の色をみて三〜五歳の時に高熱を出す病気をしているはずだと言われ、それがきっかけで百日咳のことを知りました。

「体はすべて憶えている」とは、斎藤先生がよくいわれる言葉ですが、履歴として残っているものなのだと実感したできごとでした。

第一章

あなたのお母さんは「聖母」ではない

サバイバーとスライバー

サバイブ（survive）とは生き残ることです。**スライブ（thrive）とは成長すること**です。

小児科学には、「成長の失敗（failure to thrive）」という概念があって、児童虐待などで心身の成長の停滞している子どもなどにこの用語を用います。精神科医の私がスライブという場合は、もちろん心の成長のことです。

トラウマ（心的外傷）に関する精神療法や自助グループの分野ではサバイバーズ（生き残った人々）という言葉がよく使われます。これはどういう人たちかというと、過去の外傷的体験、それはほとんど親による虐待などの被害を指しますが、それによって、その後の（児童虐待の場合、思春期以後の）人生が影響を受けたと考えている人のことです。

いい換えれば「今、私がこんなに生きにくいのは、親（その他の加害者）によって、あのような目にあわされたからだ」と考えるようになった人のことです。

生き残った人、サバイバーの特徴

この人たちには、いくつかの特徴があって、一つは**心身の不調**です。

心の障害としては、抑うつ、無気力、自殺願望、自傷行為の繰り返しなど衝動コントロールがうまくいかないこと、過食、ギャンブルなどを含む嗜癖《しへき》、それに対人恐怖などがあります。

身体の不調としては、呼吸器系、消化器系の障害、生理痛や不正出血、性交疼痛《とうつう》などの生殖器系の障害、月経前緊張症、慢性の頭痛、思春期・成人期にまで引き続くアトピー性皮膚炎や喘息《ぜんそく》などの頻度が高い。パニック発作と呼ばれるような、呼吸不全や心拍数増加、あるいは呼吸不全をともなう恐慌《きょうこう》状態を頻回に起こす人々もいます。

サバイバーと呼ばれる人々は**概して怒っています。**

当然のことでしょうが、親への怒りがあらわで、そのことをしきりに口にします。他人への不信感も強く、治療者に対しても怒りや不信をぶつけやすいので、扱いやすい人々ではない。この怒りは自分自身にも向けられていますから、自己懲罰《ちょうばつ》的で、自殺や自傷と結びつきやすい、といった人々です。

自己不信と著しく低い自己評価も特徴の一つとしてよいでしょう。サバイバーとしての自己に気づくまでは、この低い自己評価が、他人への過度な迎合、従順さ、そして仕事依存的な完璧主義になっていたのです。

親を憎んでいるくせに、親とよく似た行動をとってしまうことがあるのも特徴です。子どもを持てば親と同じように虐待する親を演じてしまう。力への渇望《かつぼう》の強い、マッチョな男になったり、やたらに暴力で他人を支配しようとしたり、そのような男に仕える従順な女性をやっていたりします。

大人としての自分の行動の中に、子ども時代の自分が顔を出してしまうのもこの人々の特徴です。サバイバーは、情緒的な発達に「停滞」を起こしているので、かつてのトラウマ状況によく似た状況に遭遇すると、いっぺんに子ども返り（退行）してしまう。

男の怒鳴り声、ドアの閉まる大きな音、ガラスの割れる音など、暴力を匂わせる各種の音が、そのきっかけになったりします。ガタガタ震え出したり、逆にニコニコと不自然な笑い顔が出てきたりします。アダルト・チルドレン（ＡＣ）という言葉はサバイバーのこうした特徴をとらえたものです。

この言葉の作り手、ジャネット・ウォイティッツは、「ＡＣは五五歳になっても、五歳のときと同じです。五歳のときの情緒と行動が、五五歳になっても突然顔を出すことに気づいて、私はこの言葉をつくったのです」といっています。

非現実的な完璧を求めたり、すぐに被害妄想の虜《とりこ》になったりするのも、彼らがときどき子ども返りするということを念頭におけば理解できます。子どもは非現実的なパワーの幻想に包まれ、それが壊れそうなときには被害妄想を抱きやすいものなのですから。

世の中は危険で敵対するものという思い込み

このことを一種の「**時間感覚の障害**」と考えてもよいでしょう。時間感覚の障害はサバイバーの生き方のほうぼうに顔を出します。彼らは、一週間なら一週間という単位時間の把握が、健康な人と違っているようなのです。何もしないうちに過ぎてしまったように短く感じ、まるで浦島太郎のように「たちまちおじいさん」といった感覚に襲われやすい人たちです。

逆に、退屈で空虚な時間の群れに圧《お》し潰《つぶ》されるように感じることもあります。現在の苦痛が一生続くかのように考えて絶望してしまう人たちともいえます。ずっと昔の心的外傷の記憶がいつまでも生々しくよみがえるという現象も時間感覚の障害といえるでしょう。

こうした時間感覚の障害は、サバイバーたちが記憶や記銘の能力に障害を生じていることによって強まります。サバイバーは外傷体験やその周辺の記憶を忘れていることが多いのですが、**思い出すのが苦痛な記憶の回想を抑制しているうちに、回想できなくなるという現象を指して「抑圧」といいます。**

過去に起こった事実は思い出されないまま、そのときの不安、恐怖、絶望の感覚だけが生々しくよみがえるということになると、その生活は苦痛そのものになります。

また、サバイバーは苦痛な体験に繰り返し出合ううちに、**その体験中の自分を放心状態にしておく術《すべ》を会得《えとく》するようになった人**でもあります。この術は、一種の自己催《さい》眠《みん》ですが、これに熟達すると体験したことが現実感を持って想起できなくなります。

中には放心したまま、はた目には異常を感じさせないので「夢の中に生きる」ようにして生きている人もいて、この放心状態を離人症とか離人症性障害といいます。何かのきっかけで離人症が始まる場合もあり、そのときには自分の「たましい」が自分から抜け出て、自分のやっていることを外から見ているという一風変わった体験（幽《ゆう》体離脱《たいりだつ》）を味わうこともあります。

このようにさまざまな問題や障害がサバイバーたちにはともないやすいのですが、中でも最大の問題は、彼らに見られる世界観の歪みでしょう。世の中を危険なもの、自分に敵対するものに満ちたものと考え、その中で自分は敗北し、絶望し、悲惨な死を遂《と》げるのだという思い込みです。

この非合理的な信念にそって、周囲の人々のふるまいを見れば、その人々はすべて敵に見えます。自分を侮辱《ぶじょく》し、嘲笑《ちょうしょう》し、傷つける人々の群れのように思え、どこかに逃げるか、追いつめられて反撃したくなってしまいます。逃避して孤立している人や、攻撃してくる人に対して、世間は不審に思い、警戒します。こうしてサバイバーの思い込みは現実になっていくのです。

成長した人、スライバーの特徴

スライバーとは「**サバイバーであることを主張する必要のなくなった人**」のことです。「必要がなくなった」とは、自分がサバイバーであることが、それほど重要なものと感じられなくなって、口にも出さなくなったという意味です。サバイバーであるという自覚はあるのですが、「それがどうした」という感じの人です。

こうした人々は以下のような特徴を具《そな》えています。

1　一人でいられる、一人を楽しめる

理解してくれそうな人、共感してくれそうな人を必死で探す必要がないということです。この術を身につけると人から裏切られるというつらい思いをしないですむよう

になります。他人を責めなくなり、逆に他人にやさしくなります。

2 寂しさに耐えられる

この件については、『「自分のために生きていける」ということ』（大和書房）に詳しく説明しました。

3 親のことで過剰なエネルギーを使わない

憎んだり、恨んだり、「賠償金」を取り立てようとしたり、依存したり、甘えたりしないということです。「ああ、あの人はかつて私の親でした。限界のある親でしたが、私を愛してもくれました」という状態になることです。

4 自分にやさしい

あるがままの自分を受け入れているということです。欠点や限界も含めて自分というものを愛し、いたわります。決して自らを叱咤《しった》せず、萎縮させません。たとえ失敗しても、自分の失敗の経過そのものに関心を持つことができます。

5　他人（世間）の期待に操られない

ゆとりができてくると、自分の前にいくつかの選択肢が横たわっていることに気づきます。不安、緊張、恐怖にとらわれているときは、とるべき道が一つしかないように感じます。

6　自分で選択し、決定する

選択肢がない人生を歩いているとき、人はその道を宿命《さだめ》といいます。

安定し、成長してくると、目の前のいくつかの分岐のうち、どれか一つを選び続けることが人生なのだと考えるようになります。自分の欲するところに従って選択することができるのはスライバーの特徴です。

7　自分の選択したことに責任を取れる

選択を間違えたとき、それを他人のせいにしません。生じたマイナスは、自分の力で少しずつ埋めようとします。現実的で、失敗の経過から学ぼうとする柔軟さがあります。

8　自分は世の中に受け入れられて当たり前という確信を抱いている

自分は他人に必要とされていると信じ、誰かに愛されて当然と思っている人は、人に愛されます。世の中を肯定的に見る習慣を身につけていると、周囲の多くの人々がやさしく温かい人のように感じられてきます。そのように思うあなたに、世間の人はやさしくなる。こうしてスライバーの確信は現実となります。

というわけで、スライバー（成長した人）のほうが、サバイバーよりはるかに生きやすい。それでは、サバイバーがスライバーへと変身するためには、どうすればいいのか。この本では、「お母さん」についての記憶を切り口に、そのことを探ってみました。サバイバーたちには「お母さん」についての恨みや怒りが必ず見られるからです。

こうした愚痴や嘆《なげ》きがムダといっているのではありません。不満を自覚しなければ、何も始まらない。しかし、「なぜ、あの母はあのようであったのか」という理解なしに、母へのマイナスの感情を抱えているだけでは、心の発達の停滞から抜け出すこともできません。いったい、母とは何なのでしょう。彼女はどのようにして、私たちの心を支配してしまうのでしょう。

「安全な場所」を持っていると感じられるか

家庭は子どもにとって「安全な場所」でなければなりません。

子どもは未成熟なヒトとしてこの世に生まれてきます。生まれてしばらくは、自分一人では何もできません。自分の生への欲求を、親（保護者）の愛情と庇護《ひご》のもとで十二分に満たしてもらう必要のある王子さまであり、お姫さまなのです。未成熟な赤ん坊は、こうした経験を経て、やがて一人で生きていける成熟した大人へと成長していきます。

赤ん坊は少し大きくなってくると、好奇心のおもむくまま、母親のひざもとから離れ、冒険に出かけるようになります。そこで不安や危険をわずかでも感じると、声を張り上げて泣き出したりあわてて戻ってきます。そのとき、「よしよし、もう怖くありませんよ、もう大丈夫ですよ」と抱きしめ、受け止めてくれる母親がそこにいてくれることで、安心してまたもう少し遠くへと出かけられるようになります。部屋の中の探険から外への探険へと、じょじょに自分の世界を広げていきます。

時には母親に対して腹を立てることもあります。少し前までは、お腹がすくと泣けばおっぱいがもらえたし、おむつが汚れたら即座に取り替えてもらえました。ところが、だんだん大きくなってくるとともに、何もかもが自分の思いどおりにはならないということがわかってきます。そこで癇癪《かんしゃく》を起こすのです。

けれども、どんなに怒りをぶつけても、母親は自分を見捨ててしまわずにやっぱりそこにいて、また自分をかわいがってくれます。ちょっと怒ったくらいでは母親はビクともしないし、自分との関係も壊れてしまうことはないのです。

腹を立てたときには怒ったり、怖いときには泣いたり、不安なときにはその気持ちを言葉に出して訴えたり、見たり感じたりしたことを話し、受け止めてもらいながら、子どもの心は健康に成長していきます。

こうして育った子どもは、母親が常に目の前にいなくても、離れていても、「お母さん」に抱きとめてもらえる「家庭」という安全な場所があるという感覚を持てます。**心の中に「お母さんと一緒にいる」感覚（基本的信頼感）を持つことで、安心して一人で外の世界に向かっていけるようになる**のです。

ところが、こういう基本的な信頼感と安心感を子どもに与えてやれない親もいます。その場合、子どもは「自己」を発達させることができません。窒息しそうな息苦しさを感じながらも、家族から離れられません。なぜなら、どんなときでも抱きとめてもらえる基本的信頼感＝安全な場所を心の中に持っていないからです。正確にいえば与えられなかった。まだそれを求めている途中なのです。そのため外の世界になかなか踏み出していけない。

健全に機能していない家庭は、子どもに「安全な場所」を与えてやれず、子どもの心の成長を阻《はば》みます。

その子どもたちが大人になり、自らの家庭を持ったときどうなるでしょうか。与えられなかった体験はなかなか伝えることができません。次世代でも同様のことが起こりうるわけです。

父親の役割の本質は「区切ること」

この本では母親というものに焦点を当てることにしますが、「母」と対《つい》になる「父」の役割についても触れておきましょう。「父なるもの」については私は著書『「家族」はこわい――母性化時代の父の役割』(日本経済新聞社)でかなり詳しく述べましたので、ここでは簡単に説明します。

父の役割の本質は、「区切ること」です。これと対になるという点で母の役割は「つなぐこと」ともいえるでしょう。

父の仕事はまず、「この者たちに私は責任を負う」という家族宣言をすることによって、**自分の家族を他の家族から区分します。**このことを指して「社会的父性」の宣言といいます。

この宣言によって、一つの家族が成立するのですから、父の役割を家の塀や壁という区切りにたとえることができるでしょう。ついでにいえば、妻や子が雨露に濡れることから防ぐ屋根の役割といってもよい。いずれにしても家族を外界と区切る一つの容器を提供することは父の機能です。

第二に父は、**是非善悪を区切ります。**世に掟《おきて》をしき、ルール（規範）を守ることを家族メンバーに指示するのは父の仕事です。「父性原理」という言葉がありますが、これは父親のこうした機能を指して用いられるものです。

父の仕事の三番目は、**母子の癒着《ゆちゃく》を断つこと**、親たちと子どもたちの間を明確に区切ることです。父を名乗る男は、妻と呼ばれる女を、何よりも、誰よりも大切にするという形で、この仕事を果たします。**子どもは父のこの仕事によって、母親という子宮に回帰する誘惑を断念することができるのです。**スイスの精神分析医カール・ユングが強調したのもこのことで、彼は父の役割を母子の関係を断つナイフにたとえています。

こうした父の仕事は、いずれをとってみても抽象的なものです。そしてヒトという動物は、周囲の事物を抽象する能力によって人間になったのです。この抽象の能力を具体的に示すものが言語です。言葉によって父性を宣言し、規範を定め、親と子の身分差を明確にする存在を得て、ヒトは人間になった、といえると思います。

母と子の二者関係を平面的なものとすると、これに父が入った三者関係は立体的です。三次元の世界には、光も影もある。私たちが存在する世界により近い知覚が、これによって私たちにもたらされます。つまり「父」の存在を認識し、それを父と呼ぶことによって、私たちは人間としての生活に入っていくともいえるわけで、このことを指してフランスの精神分析医ジャック・ラカンは子が人になる入り口として「父の名」を強調したのです。

子どもたちは幼いとき平面的な絵を描きます。年長になると、それが立体的になってくる。このような表現様式の発達は、子どもに見える世界、つまり子どもの世界観の発達に対応しているのでしょう。子どもに影の存在を教え、より現実に近い知覚を与えるもの、それが父の存在の認識です。父存在（それは神と呼ばれることもあります）の掟に従って生きるほかない自己を認識すること、それによって子どもは人間になるのです。

母親の役割の本質は「つなぐこと」

それでは母の役割は何か。それは「つなぐこと」と前にいいました。つないで関係をつくるために、母は子の存在を「承認」しなければなりません。承認は、あるがままのその子を認め、その必要を満たすことです。子ども一般ではなく、「その子」の承認でなければなりません。

他の子ではない「あなた」、それを私は必要とする、という母の視線（ふるまい）のことをラカンは「母の欲望」といっています。母の欲望とは、「母が自分を必要としているということの〝自分の必要〟」のことです。自分を必要としている母を〝感じる〟ことによって、ようやく子どもたちは自らの生命の入り口を通れるのです。

念のためにつけ加えますが、ここで「父」「母」といっているものは、親の役割の二つの要素のことで、父＝男、母＝女というわけではありませんし、いつも父と母の両方が必ず必要といっているのでもありません。一人の母が「母」の役割を果たしながら、しっかり「父」の仕事をしているという場合もあるでしょう。家によっては、夫が「母」の役割を果たし、妻が「父」の役割をこなすでしょう。

健全に機能していない家庭とは

では「健全に機能していない家庭」がどのような様子なのか、少し具体的に見ていきます。

B子さんの叔父（母親の弟）は長いこと統合失調症で入院していたのですが、ときどき外泊の許可が出るとB子さんの家で受け入れ、生活をともにしていました。ところが、この叔父さんはすぐに刃物を出して暴れる人で、こういう発作が起こるとB子さんの父親が格闘して止めるということがたびたびありました。

「近づくとこの子を殺すぞ」

ある日、B子さんは叔父に抱きかかえられ、ナイフを突きつけられるという恐ろしい体験をします。騒ぎがようやく収まったあと、母親はB子さんにいいます。

「このことは、人にいってはいけないよ」

叔父のことは、家庭内でもなぜか口に出してはいけない雰囲気がありました。父親も母親も、普段はひと言も叔父の話をしません。あんなに恐ろしいことがあった次の日でも、まるで何事もなかったかのように素知らぬ顔です。

B子さんは、この体験を日記に書いていました。人間は、なんとかして心のバランスを保とうとするものです。家族にも友だちにも話せない恐ろしい体験を日記につづることによって、彼女は自分で自分を癒《いや》そうとしたのでしょう。ところが、その日記を母親に見られてしまう。

「このことは誰にもいっちゃいけないっていったでしょう！」

母親はB子さんを激しく叱りつけ、日記に紙を貼って「封印」してしまいました。B子さんが、日記にだけ聞いてもらっていた気持ちさえ、もうどこにも持っていき場がなくなってしまったのです。

大人になったB子さんは今でも、**自分の体験したことや、そのとき感じた感情を、人に対して表現することに「罪悪感」を持っています。**叔父のことを書いた日記が封印されると同時に、自分の生き生きした感情も封印されてしまったのです。「しゃべってはいけない」という母親の検閲《けんえつ》が、今でも心の中でB子さんにストップをかけるのです。

また、それ以上に苦しいのは、母親に対する怒りです。子どもだった自分の傷ついた心を守ることよりも、世間に叔父のことを知られないようにするのを優先した母親。B子さんには、何よりもそれが許せないのです。

家族の中に、他の人には絶対にしゃべってはいけない、という固い秘密があると、その家庭に育った子どもは、他人と親しい関係を持つことが難しくなります。彼らにとっての**本当のことは、「しゃべってはいけないこと」**なのです。誰かと友人になっても、いつもまがいもののコミュニケーションをしているような気分しか持てなくなる。

親自身が、子どもに対して率直に感情を表現するコミュニケーションをしていないために、子どもも同じような態度を身につけてしまうのです。

感情を鈍麻させていく子どもたち

こうした家族の問題が、何でもないことのように言い訳されることもあります。

酔っぱらって仕事もせずにフラフラしている父親が、母親とケンカをしている。お皿や酒瓶の割れる音なども聞こえてくる。子どもは廊下で両親の怒鳴り声とすさまじい音を聞いて緊張します。「頭が真っ白」になったりします。いったいどうしたのだろう、何が起こっているのだろう。両親に何があったのか説明してもらいたい。「心配ないよ、大丈夫だよ」と不安を鎮《しず》めてもらいたい。

ところが、父親は部屋から出てくると、子どもに目もくれず、家から出て行ってしまう。続いて出てきた母親は、「お父さんは仕事で疲れてるのよ」と、そうひと言だけいうと風呂場に行き、忙しそうに洗濯を始めてしまう。母親は、まるで何でもないつまらないことのように片づけましたが、どこかピリピリしていて、とても「お母さん」と声をかけられる雰囲気ではありません。子どもはますます不安を抱えて、しかし誰にも何もいえず、「これは何でもないことなんだ」と、ただそう思い込もうとします。何か違う、と思いながらも、「お父さんは仕事で疲れているだけだ」と。

こんなことが続いていると、子どもには、何が本当で何がうそなのか、わからなくなってきます。親のいうことは信頼できません。親も、自分のストレスや自分の悩みで精一杯で、子どもの不安を受け止めて安心させてあげるところまで手がまわらないのです。そのうちに、子どもはこういうことが起こっても、何も感じないよう感情を鈍麻《どんま》させていき、やがて本当に何も感じなくなっていきます。

いちいち不安や恐怖を感じていたら、こんな家ではやっていけません。ですから、何があっても、何も感じないようにせざるを得なくなっていくのです。友だちにも相談しません。「しゃべってはいけない」と親にいわれているからです。

いちばん信頼すべき親が、自分が不安でいっぱいのとき、見守ることとさえせずに無視をする。いちばん親を必要としているとき、ほうっておかれる。関心を持ってもらえない。これが頻繁に起こる家では他人に対する信頼感は育ちようがありません。重

要なことがあっても誰にも助けを求めず、自分一人の胸におさめて処理する癖が身についてしまいます。

子どもが不安に怯《おび》えているときは、そっと抱き寄せ、

「お父さんがいったことにお母さん、怒ってしまったのよ。あなたにまで怖い思いをさせてごめんなさいね。お父さんが帰ってきたら仲直りするから大丈夫、心配しないで」

などといえばいいのです。そうすれば子どもも、

「お父さんとお母さんが怒ってるから、びっくりした」

と、その時の感情を正直に話すことができます。父親も子どもに、

「お母さんとついケンカしちゃったよ。たまには意見が合わないこともあるんだよ」

などと伝えればいい。

「お父さんとお母さんもケンカすることがあるんだな。でも、また仲直りするから大丈夫なんだな」と、子どもも納得でき、不安から解放されます。何かあっても、それで自分の世界が壊れてしまうわけではないということがわかります。怒ったときにはケンカをしてもいいし、お母さんに「怖いよ」といってもいい。自分の感情を押し込めなくてもいいことがわかってきます。

なぜ自分をいじめる相手に近づくのか

子どもを殴ったり、蹴ったり、ものさしや布団たたきでひっぱたいたり、アイロンや熱湯で火傷《やけど》を負わせたりといった、子どもを虐待する親の問題もだんだん表面化されてきました。しばらく前までは、折檻《せっかん》などといっていましたが、すべて子どもいじめ、児童虐待です。

幼い子どもへの虐待は生命に危険がおよぶ場合もあり、周囲が手をこまねいているうちに死亡してしまう例も少なくありません。家庭という密室空間の中で行われていることは、周囲にはなかなかわかりません。しかも、虐待の事実を発見した第三者が子どもを保護しようとしても、「親権」という壁が立ちはだかります。親が子どもを「連れて帰る」といえば、引き渡すしかないケースも多いのです。

無事に生き残って大きくなっても、親に虐待された経験を持つ子どもは、人間関係に大きな傷を背負います。私たちの人間関係は、ほとんどが親、それも母親との関係をなぞるものです。母親が残酷で、自分を一切認めず、いじめられ続けた人であれば、むしろ自分をいじめる人との関係に安心感を抱いてしまいがちです。

他の母親を体験していないので、自分を冷たく扱う人のほうがなじみがいいわけです。他人から大切にしてもらったりすると、どうにも落ち着かない。その人にとっては、「自分が大事に扱われ、心から愛される」というのは未知の世界ですから、勝手が違って居心地が悪い。そして大急ぎで、また自分をいじめる人との関係を求めるのです。

親に「おまえはダメだ、ダメだ」といわれて育った女性は、自分を「ダメ」扱いする男性を選んでしまいます。そして彼になじられながら、「ほら、やっぱり私はダメなのよ」と確認し、その関係に安心する。親にひどいことをされても、「あんな親でも、私のことを愛してくれている」と思っていますから、男性にどんなひどい扱いを受けても、「こんな彼だけど、本当は私のことを愛してくれているのよ」と思う。ひどいことをされるのが「愛」だという、どこか歪んだ認識を持ってしまうのです。

「なぜあんなにいい子が、あんなどうしようもない男と結婚するのかしら」と周囲が不思議に思うような不釣り合いな結婚は、たいてい親との関係が原因で起こっています。いじめられた子どもは、親に気に入られようと必死に「良い子」をやってきましたから、周囲の願望を読むことに長《た》けています。自分の欲求より何より、まずは他人の欲求を満たすことを優先し、尽くします。そして自分をいじめる「尽くしがいのある」男性を求める。

彼女たちは、どこかで、その冷たい男が、自分の愛によって改心し、温かく信頼できる人物に変わってくれることを望んでいるようです。そうすることで、自分に冷たかった親によって負わされた心の傷が癒される、と思えるのかもしれません。

しかし逆に、普通の男性を自分に冷たくするようにつくり変えてしまう場合も多いのです。「いじめられる自分」に慣れてしまっている人は、相手から自分をいじめる気持ちを引き出すのがうまい。やさしくされると、「こんなはずはない、今はこうだけど、いつかは私をいじめるのではないか」と不安になり、わざわざ相手に嫌われるような態度をとったり、ちょっとした目線やしぐさで巧妙に相手をイライラさせます。

こうして、思いどおりに相手が自分に冷たくするようになると、「ほら、やっぱりね」と安心する。「自分はいじめられるのだ」という信念を確認し、さらに強化してしまうのです。女性の例で説明しましたが、もちろん男性にもこういう人はいます。

母親の虐待のカゲにあるもの

出産したばかりの母親の中には、自分自身が「赤ん坊に戻りたい」という願望(退行欲求)が生まれることがあります。出産後、無気力・うつ状態におちいる「マタニティ・ブルー」と呼ばれる状態が見られることがありますが、その原因の一つもそこにあるように思います（急激なホルモンの変化などの身体的要因も大切ですが）。

周囲のサポートもなく、しかも夫の理解や協力も得られない場合、育児に慣れない母親は、次第に追いつめられていきます。夜も満足に眠れず、精神的なストレスも肉体的な疲労もたまっていきます。母親にしてみれば苦行のようなものです。

ところが、こんな育児という名の苦行を「母性本能」を持った女性は喜んでやるものだと勘違いしている人たちがいます。

「夜泣きがうるさくて眠れない。オレは明日会社があるんだ、なんとかしろ」

苦行をすべて妻まかせにし、子育ての不安や苛酷さ、悩みに耳を傾けるなどの精神的サポートすらしない夫は、文句をいうばかりで、疲れ果てている妻の状態や気持ちに気がつかない。あるいは無関心を決め込む。会社のため、仕事のために自分の身を捧げつくすワーカホリズムにがんじがらめになっている夫は、妻との情緒的コミュニケーションもままならず、妻からなんらかの訴えがあっても、「家を守るのは女房の役目」と体《てい》のいい理屈とともに無視するわけです。

一日中世話を必要とする赤ん坊と二人きりの家の中で、妻は一人で苦しみ、ますます孤立し、イライラを募らせ、ついには「無力な被害者」に手をあげてしまいます。虐待のカゲには、直接手を下しはしなくても、妻や子どもや家庭から遠ざかり、無視し続ける夫も無関係ではないということです。

もちろん、父親はいつも「傍観者」というわけではありません。子どもを身体的に虐待するケースでは、父親と母親の数は同じくらいです。

児童虐待は急に増えたのではない

この児童虐待という問題に対し、「女性の高学歴化が原因である」「仕事をする女性が増えて、母性本能が失われたのだ」「自立した女性は子育てが嫌いなのだ」といった理由づけがなされることがありますが、これは大きな間違いです。

児童虐待は、今に始まった問題ではありません。経済的に豊かでなかった時代には、食べることに窮《きゅう》してくれば、口減らしや間引きなどといって幼児が殺され、捨てられました。売買され、とんでもない労働条件で働かされ、病気で死んでいった幼い子どももたくさんいたのです。

今ほど女性の社会進出が進んでいなかった時代でも、子どもを虐待する母親はいました。自立した女性が、突然、〝母性本能を失って〟子どもがイヤになったわけではありません。今までは子どもいじめが表沙汰になることが少なかっただけなのです。

児童虐待の実態が表に出てくるようになったのは、高学歴の女性が増え、社会で活躍する場が増えたことに関係するかもしれません。自分の職業と収入を持っている女性たちは、夫だけに依存する必要がありません。社会に向かって、

「子育ては決して楽しいばかりではない。私はわが子をいじめてしまうことがある」

と発言することもできるようになりました。

また、子どもに手をあげてしまいそうなとき、あるいは手をあげてしまったとき、「この怒りは何なのだろう」と考え、今までの教育と人脈を利用して、自ら救援機関やネットワークを探し出すことを始めたのです。

女性の社会的な力が弱かったためにこれまで家庭内に隠れていた問題が、女性の進出とともに社会に出てきたことはむしろ大きな前進だといえるでしょう。

「ネグレクト」という情緒的虐待

殴る、蹴るなどの身体的虐待の他に「ネグレクト」(育児の怠慢、拒否)という虐待もあります。これは、子どもの世話をせずにほったらかしておくことで、情緒的な虐待の一つです。

ある女性のマンションの隣の部屋に引っ越してきた母子のケースを紹介しましょう。五歳の息子C男くんと二人暮らしを始めた彼の母親D子さんは、昼夜問わずしば

しば遊びに出かけて家を空けており、C男くんは夜中でも一人にされていました。

「寂しいよ、寂しいよ、お母さーん、早く帰ってきて。どうしてかわいいボクをほったらかしにしておくのー」

毎夜のように泣きながら訴える大きな声に、マンション中の人も困っていました。

ある夜、隣に住む女性が、ドアを開けてマンションの廊下に向かっていつものように泣いているC男くんに、「どうしたの?」と声をかけてみました。聞いてみると、母親は夕食の用意もせずに出かけてしまい、スーパーでコロッケを買って食べただけだといいます。五歳の子どもが一人でそんな夕食をとっていたことに彼女は驚きました。C男くんは、自分としゃべったことは母親のD子さんには内緒にしてほしい、怒られるからと怯えたような目で訴えたそうです。

C男くんは以前、寂しいときに祖母に電話をしたことが原因で、D子さんにひどく叱られたことがあったといいます。そのとき以来、他の人に助けを求めたことが母親に知れるとまた叱られてしまう、と恐れているのです。

幼稚園には通っているようですが、D子さんの都合で行かせてもらえないこともしばしばです。昼頃から母親が遊びに出かけてしまった日は、C男くんは幼稚園にも行けず、食事も与えてもらえず、閉じこめられた部屋の中で一人ただ泣いているのです。

また違う日には、C男くんが外で遊んでいる間にD子さんが玄関の鍵をかけて出かけてしまい、部屋に入れずに「寒いよ、寒いよ、お母さんどこに行ったの、家に入りたいよー」と泣いていました。見かねた隣室の女性は、自分の部屋においで、ここでお母さんが帰ってくるのを待ってたらと声をかけるのですが、「怒られるから」といって拒否し、いつまでも寒い廊下で泣き続けているのです。

殴る、蹴るという身体的な虐待はないにせよ、C男くんが情緒的に受けている心の傷ははかり知れません。これは「ネグレクト」という情緒的虐待です。

ネグレクトは「遺棄《いき》、衣食住や清潔さについての健康状態を損なう放置」と定義されています。満足な食事も与えられずに栄養不良になったり、ボロボロで洗濯もされていないような不潔な衣服を着せられていたり、お風呂にもめったにいれてもらえないなど、それが原因で病気になることもあります。

このC男くんのケースでは、着るものはきちんとしており、五歳という年齢なので、自分でスーパーに行って食べものを買うこともできました。これが乳児期であれば、ネグレクトは生命の危険に直結します。

親がパチンコをしている間に、締め切った車の中に置いていかれた子どもが死亡するという事件が頻発しました。うるさく泣く乳幼児をタンスの引き出しの中に押し込んで外出し、帰宅すると死亡していたという事件もありました。これらもネグレクトの一つといえます。しかも自分の子どもを死亡させる最悪のケースです。

子どもを一日中、家の柱にヒモでつないでいた母親もいました。この子どもは、ヒモによる擦り傷の痕《あと》が残り、年齢相応の運動能力が発達せず、三歳を過ぎても歩けなかったといいます。

また、おむつをとる訓練もせず、いつ替えたのかわからないようなおむつをしたまま、排泄物まみれの状態で発見される子どももいます。

名前がつくことによって実態が見える

名を持たないものの実態は見えません。折檻や躾《しつけ》が親の愛の証であった時代に、児童虐待は見えませんでした。妻という「じゃじゃ馬」の調教が男の仕事であった時代にはバタード・ウーマン（被虐待女性）などという言葉はつくられようもなかったのです。これらの言葉が用いられだしたのは、世界的にみてもごく最近のことです。

『バタードウーマン』（斎藤学監訳、金剛出版）の著者レノア・ウォーカーによれば、一九六〇年代にいたるまでアメリカ合衆国のいくつかの州では、「小指の太さを超えない太さの棒」であれば、これによって妻をたたくことは躾として夫に許された権利でした。しかしこの社会では、一九八五年に「家庭内暴力防止法」がつくられて、暴力男（夫）の隔離と犠牲者の保護が明確化されました。このアメリカ人たちの社会で「児童虐待防止法」が制定されたのは、それより一〇年早い一九七四年です。

日本には、これらのいずれの法もありませんでした（児童虐待防止法は二〇〇〇年一一月、DV防止法は二〇〇一年一〇月施行）。実態がないからではない。それに名をつけることが遅れ、実態を見ることに抵抗があったためです。

日本の専門家たちは、小児科医が児童虐待を見逃すという形で、精神科医が児童虐待後遺症に境界性人格障害などの精神医学的診断名を付して放置するという形で、法律家が死体となった児童や骨折した妻たちにしか関心を示さないという形で、この隠蔽《いんぺい》に手を貸し続けていました。とくに悪質なのは、私と同業の精神科医で、彼らの一部は、「日本には児童虐待は極めて少ない、性的虐待はほとんど見られない」などという神話を国際学会にまで持ち込んでいたのです。

現象をそのまま受け入れ、それに名をつければたくさんの児童虐待や夫婦間暴力が見えてきます。

一九九五年九月からの二年間に私の主宰するクリニックに来所した人々から無作為に選んだ四〇〇名（全症例の一二・九％）についてみますと、児童虐待の既往《きおう》のある者が四九％を占め、近親姦を含む性的虐待を体験したという者が一六・五％（うち近親姦は一〇・三％）に達していました。女性だけについてみると一九・五％、つまり女性来診者の五人に一人が児童期性的虐待の犠牲者ということになります（詳しいことは『児童虐待――臨床編』斎藤学編著、金剛出版に）。

この人々は思春期以後の生活の中で、自殺念慮《ねんりょ》、自傷行為、自殺未遂、売春、物質乱用、摂食障害、行為嗜癖（ギャンブル依存など）、子ども虐待、思春期の対親虐待（いわゆる家庭内暴力）、配偶者虐待、不登校、対人緊張などの情緒的・行動的な混乱を重複して繰り返していて、その一部は解離性障害をはじめとするＰＴＳＤ（心的外傷後ストレス障害）に悩んでいました。

母たちの悲痛な叫び

この四〇〇名の中にはわが子を虐待する母が二三名（五・八％）いて、このうち二〇名（八七％）までが児童虐待の犠牲者であり、そのうち性的虐待の被害体験を述べる者が一一名（四七・八％）を占めていました。前に述べたように、この集団の性的虐待犠牲者の割合は二〇％弱ですから、子どもを虐待する母たちの中のこの高い割合は注目に値します。二三名中一七名は結婚していて配偶者と同居していますが、婚姻関係は不安定であることが多く、八名（三四・八％）はいわゆるバタード・ウーマンでした。

私は、一診療所の資料だけから、日本全体の状況を論じようとしているわけではありません。見えるところで見れば、このような様相を呈しているといいたいだけです。少なくとも一部の人々が断言するように、「日本という社会は、児童期性的虐待が生じない文化を持っている」などとはいえないと指摘したいのです。

この資料に見られるいくつかの要素が、同種の問題を抱えながらも臨床の場に現れることのない女性たちと無関係と断じるのは妥当とはいえないと思います。

生育家族における暴力や怒声の蔓延《まんえん》、その中で子どもとして過ごすことの緊張と警戒、父親からの叱責と罵倒《ばとう》、虐待される母への同情と侮蔑《ぶべつ》、虐待する父への恐怖とその力への憧れ、幼いときから他家の厄介になることによって生じた感情の抑制と麻痺、家の惨状を友だちに知られないように隠す必死の努力。

これらすべてから生じる「偽りの自己」と低い自己評価は、児童虐待防止ホットラインを含めた種々のルート（その中には精神鑑定の依頼が含まれる）を伝わって私たちのもとを訪れる虐待する母親たちに共通しているように思われます。

彼女たちは（少なくともその多くは）、わが子を虐待するという悲惨によって、救助を求めているのかもしれません。人は子育てを通して自らの親子関係を繰り返します。乳幼児とともに過ごすことは、ある種の人を子ども返りさせ、これが長い間封じ込めてきた「内なる子ども」の憤怒《ふんぬ》を表に出すことになります。この機会をとらえて彼女たちに寄り添って語り合い、彼女たちの危険な行為の真の意味を一緒に考え、できれば彼女たちの魂の成長につき合う人々が必要なのです。

語り始めた性的被害者の女性たち

児童期に性的虐待という被害を受けたことのある女性が稀《まれ》ではないという事実がはっきりと語られるようになるそのきっかけをつくったのは、アメリカの女性たちのウーマン・リブ（フェミニズム運動）でした。

一九六〇年代の前半、ベティ・フリーダンを始めとするアメリカの女性たちは「CR（Consciousness-Raising＝意識向上）運動」というものを始めて、そこで女性たちに固有の問題を話し合うようになったのです。

そこでは初めのうち、女性にだけ強制されるさまざまな拘束に対する反発が語られていたのですが、やがて「男たちからの性暴力」という問題に焦点が当たるようになりました。初めに注目を集めたのはストリート・レイプでしたが、一九八〇年代に入ると夫婦間強姦やインセスト（近親姦）にも焦点が当てられるようになりました。

アメリカの場合、こうした動きは政治に反映され、性犯罪被害者の保護を目指す法改正が行われたり、国立保健研究所の中に強姦研究の部門が設置（女性研究員を採用）されたりしています。

そうした研究者の一人で社会学者のダイアナ・ラッセルは、サンフランシスコに住む一八歳以上の女性九三〇人を対象にした性的被害（性交やオーラルセックスから、性的なタッチまでを含む）調査を行い、彼女たちの四人に一人が被害を受け、三人に一人が児童期性的虐待（一四歳以下）を受けていたことを明らかにしました。家庭内の人と性的接触があったという者は一六％、一四歳以前の近親姦被害者は一二％でした。実夫からの被害は二・三％見られたそうです。

この報告は当初世間の人々を驚かせましたが、今では実態を明確にしたものとの評価を得ています。

私もラッセルの用いた性的暴力の定義と基準を用いて、日本の女性について調べたことがあります。対象にしたのは、過食症で自助グループに新規参加した五二名の女性たち（平均年齢二二歳）と、その統制群として選んだ健康な女性たち五二名でした。

少ない数ではありましたが、一人ひとりにしっかりした面接をした結果、過食症の女性たちの三五％、健康な女性の一五％が、一四歳以前（強姦は一七歳以前）に性的被害を受けていたことがわかりました。近親姦被害は過食症グループで二一％、健康グループで二％でした。実父が加害者になっている者は過食症グループの中にだけ、一五％見られました。被害の程度が重度ないし中等度の者は、過食症グループで二七％、健康グループでは一〇％でした。

調査対象者が少ないので断定的なことはいえませんが、少なくとも女性にとって、性的被害は稀な問題ではなく、そしてその被害が重いものであったり、近親姦であったりすると、後の精神健康に影響が出やすいということもいえると思います。

性的虐待と記憶障害

性器・肛門・口腔への性的侵入などの重い性的虐待を受けると、それを回想することが困難になることが確認されています。虐待を受けた年齢が幼ければ幼いほど、それは困難になります。暴力をふるわれながら性的被害を受けた場合にも想起の障害が起こりやすいことがわかっています。思い出されるたびに恐怖や痛みや屈辱を感じていると、回想そのものが抑止され、やがて記憶から消去されてしまいます。

しかしそうした記憶の一部は、ある種のきっかけ（たいていもとの事件に近い知覚――音、匂い、光景、衝撃、痛みなど）でよみがえることがあることがわかっており、そうした場合には「抑圧」という無意識の精神力動が働いていたとみなされます。

重い性的虐待が家族内で繰り返されたというような場合、被害児のほうで、虐待されている体験を「感じなくする」という工夫をしているということが少なくありません。怖くて苦しくて、しかし自分の力では逃れようもない攻撃にさらされている場合、被害を受けている子どもは気を散らしたり、放心したり、失神したりすることで苦痛を減らそうとします。

このような曖昧《あいまい》な形で取り込まれた記憶は、回想するときにも曖昧な形でしか出てこなくなります。こうした子どもは「意識をそらす」ことに習熟するようになり、普段でも「ぼんやりしている」「放心している」などといわれるようになります。

成長して大人になってからも何となく現実感を欠いた放心状態の中で生活し、ストレスが高まれば、「意識が飛んでしまう」「その間、何をしたか覚えていない」といった体験を持ちやすくなります。これが解離という現象で、離人症、解離性健忘《けんぼう》、解離性遁走《とんそう》、解離性同一性障害（多重人格）などがこれに含まれます。

解離する母は危ない

こうした解離性の障害を抱えた「危ないお母さん」の例をあげておきましょう。

二七歳のE子さんが、生後八か月の娘を抱えて東京都某区の母子寮（当時）に緊急入所してきました。そこで不安や恐怖を示したり、憂うつそうにしていたりするということで、私のクリニックへ連れてこられたのです。

E子さんは、妊娠の途中まで、子どもの父である初老の芸術家と同棲していたのですが、出産の直前になってその人との仲が悪くなり、自殺未遂のようなことがあって、都内に住む実母の家に身を寄せたのです。しかしもともと母との折り合いが悪くて家を飛び出したE子さんなのです。しかも、お腹の子の父には別居中の妻子がいるというのですから、実母の機嫌がよいはずはありません。E子さんは出産後も、「汚らしい」「みっともない」と罵《ののし》られ、ときにはとっくみ合いにもなるというありさまで、母子寮へ逃げ込んできたのです。

E子さんには六歳から八歳にかけて、実父と母方の祖父の性的対象にされたという回想があります。断片的な光景しか思い出せないのですが、夢でも空想でもない。かなりはっきりした感覚が残っているというのです。この父親はE子さんが八歳のとき、家を出たまま蒸発してしまいました。父が去ったのは、ちょうど父方の祖父の葬式の日だったそうです。

そういうわけでE子さんは、しっかり者の母に育てられました。E子さんには年子の姉がいるのですが、この三人の女性家族の中で、どうもE子さんだけが浮いていたらしい。少なくともE子さんはそのように思い込んでいます。姉は母に似たしっかり者で、勉強もできたし、大学を出て公務員になり、職場の同僚と結婚して子どももいます。母は姉ばかり大切にして、私をやっかい者みたいに扱うというのです。

そういう屈折した気持ちのためか、E子さんの青春は波乱に富んだものになりました。短大を卒業してから派遣社員として働いたり、服飾関係の専門学校に通ったりしていたのですが、その間、何人かのボーイフレンドと危険をともなう恋愛ゲームに走っています。妊娠中絶も経験していて、六歳のときの虐待体験を思い出したのは、その妊娠のときでした。子どもの父親となった男性とつき合うようになったのは、妊娠中絶の後、自殺を考えていた頃で通っていた専門学校の講師をしている人でした。

「あいつ」の出現

E子さんを危ないと思うようになったのは、初診から半年以上経ってからのことでした。子どもへの虐待は見られませんでしたが、雛《ひな》をかばう親鳥のように気がたっていて、余裕がない、周囲の人々との折り合いが悪いという状態が続いていました。もともと産む気はなかった子だといっているのを聞いたことも危険と感じるきっかけになりました。相手の男性が中絶にも、養子に出すことにも反対しているうちに、母子寮にくることになってしまったというのです。

望まない出産で生まれた子と、その母の関係は危険なものになることが多い。そのうえ、この頃から交代人格らしきものの存在を漏らすようにもなりました。それは「あいつ」と呼ぶ女性と、それに対抗するまじめな男の人らしき人だそうで、じつは子どもの妊娠前からその存在を感じ始めていたそうです。

これらの人物は、いずれもE子さん自身に意識されているという点で、典型的な解離性同一性障害とは違う（普通、もとの人格は解離した人格の存在に気づかない）ものですが、注意深く経過を追うことにしました。性的虐待についての回想も、生々しいものになり、蛙《かえる》のように足を開いていた記憶、出血の記憶、膣《ちつ》が痛くてガニ股で歩いた記憶などが語られるようになりました。

それからしばらくして子どもに危機が訪れました。その直前、E子さんは子どもを預けていた保育園の保育士たちとの間で口論を繰り返しており、園長先生からは「もう子どもを預かれない」といわれていました。その日、子どもを保育園に連れて行くのを止め、散歩していたとき、子どもが私鉄の踏み切りに向かって走り出したそうです。E子さんはそれを阻止《そし》したのですが、そのとき走ってくる電車に向かって子どもの背をつき飛ばそうとする衝動に駆られました。「〝あいつ〟が、とうとう子どもにまで手を出そうとしてきたな」とE子さんは考え、すぐにクリニックへやってきたのです。

E子さんは「〝あいつ〟が子どもを消して欲しいといってくる」「ときどき記憶が飛んで一日がひどく短いときがある」といっていました。DES（解離体験尺度）というテストをやってもらうと88という著しい高値（健常者や不安神経症者のDESは4〜5程度、統合失調症者でも12〜13程度）を示していました。

「子どもをあなたから離したほうがいい」と私はE子さんにいい、乳児院を探すようにソシアルワーカーに指示しました。「子どもと離れたくない」と抵抗するE子さんを説得して、短期間だけということで何度か乳児院のお世話になりました。

子どもと離れて数週すると、E子さんは落ち着いてきて、放心状態や記憶の飛びが少なくなります。その頃からまた半年ほど経って、ようやくE子さんは子どもを乳児院に預ける気になりました。今、彼女は母子寮を出て、一人で暮らしながら治療を続けています。

母と子を分離しなければならないとき

E子さんが子どもを手放さなければならないほどに危険な状態にあったか否かにつ

いては議論のあるところでしょう。しかし私は判断に迷いませんでした。ある刑事事件で、精神鑑定になった事例を通じて、私はこの種の母子関係の危険性を実感していたからです。

その母親は、生後一三か月の一人息子を浴槽に沈めて殺したことで罪に問われ、裁判長が私に精神鑑定を指示したのです。

子育てに悩んでいるという点では、この女性のほうがE子さんより率直だったと思います。その人は自分の母親に、「私は育児には向いていない、私が母ではこの子がかわいそうだ」といい、父親には「養育費を払うから、この子を見てもらいたい。私はもうやっていけない」と訴え、夫には「このままでは、私はなにかをしてしまうから、子どもをどこか施設へ預けたい」とまでいっていたのですが、いずれも聞き流されてしまいました。育児ノイローゼということで精神科医の診察を受け、うつ病ということで抗うつ剤も服用したのですが、「母親であることから降りなさい」という助言だけはもらえませんでした。

こうした場合、日中の数時間を保育園に預かってもらうという工夫をしてみても、送り迎えそのものがストレスになって利用できなくなってしまうので、完全な母子分離が数週から数か月必要なのです。要するに、このケースの場合、子の生命を保護するための介入の機会はすべて見送られてしまったわけです。

母であることの責務に圧し潰されている女性たちの訴えや呻《うめ》きが、他人に共感されることはめったにない。母親自身でさえ自らの悩みを受け入れられず、罪の意識におののいてしまっています。だからこそ彼女たちはE子さんのように「もう一人の危険な自己」を生み出し、そのものの力を借りて子どもを抹殺《まっさつ》しようとしたりするのです。

ちなみに、息子殺しの罪を問われたこの女性もまた、精神鑑定の段階でのDESは44という高値を示していました。そして自分の犯行について、「私のしたことはみな覚えています。でも私のしたこととはどうしても思えないのです」と陳述しているのです。「私は息子が浴槽に浮いているのを見ながら、そこを離れ、二階に上がっていきました。まるでロボットになった自分を自分が上から見下ろしているようでした」と語っています。これは離人状態です。

母と子が離れて暮らさなければならないことは、確かに悲劇です。それでもなお私たちはそうするようにと、強く勧めなければならないことがあります。

被虐待児を見つけたとき

子どもの身体的虐待、性的虐待、ネグレクトなどを発見した人は、ただちにその地域の児童相談所などに通告する義務があります。「関わり合いになりたくない」「他の家庭のことだから」と見て見ぬフリをする人が多く、学校でも「家庭にはそれぞれのプライバシーがあるから」などとそのままにされている場合が多いのです。

けれども、私たちには子どもの権利を守る義務があります。子どもは、自らこのような親のもとを逃げ出すことができません。**周囲が援助するのは「おせっかい」ではなく「義務」**なのです。

児童福祉法に、この「通告義務」についての条項があります。

〈第五節　要保護児童の保護措置等〉

第二十五条　要保護児童を発見した者は、これを市町村、都道府県の設置する福祉事務所若しくは児童相談所又は児童相談員を介して市町村、都道府県の設置する福祉事務所若しくは児童相談所に通告しなければならない。ただし、罪を犯した満十四歳以上の児童については、この限りでない。この場合においては、これを家庭裁判所に通告しなければならない。

アメリカやカナダでは、虐待されている子どもを発見した市民が通告を怠ると処罰されます。日本では処罰規定こそありませんが、「児童相談所や福祉事務所に通告する」ことが義務づけられています。このことはぜひ覚えておいてほしいと思います。

虐待された子どもが大人になると、女性の場合、夫に暴力をふるわれる妻になることも多いのですが、大人どうしの問題では、子どものケースより介入が難しくなります。大人には、自分がイヤならば自分で逃げ出す能力も責任もあるので、本人がそんな夫と一緒にいることを選ぶというのなら、他人はどうしようもないからです。

ただ、これも、たとえば隣の部屋で今現在、殴る、蹴るの大騒ぎが起こっているなら、警察に通報して当然のことです。もしも路上で、誰かが殴る、蹴るの暴行を受けていたなら、たいていの人は一一〇番通報する。路上の暴力は許されないけれども、家庭の中で行われている暴力は許される、家族なら誰かが誰かを殴ってもいい、というのはおかしな話です。

虐待を受けて育った子どもは、成長して大人になると、今度は自らが虐待する親になりがちです。虐待する親は、かつて自分が虐待されていたことで、自分自身、深い心の傷を負っている場合が多いのです。虐待される子どもを発見した人は、「なんてひどい親だ」と親を責める気持ちになるかもしれませんが、軽率に親を非難するだけでは、親は閉じこもってしまい、子どもの援助が逆に難しくなります。

虐待する親は、内心、「どうして私はこんなことをしてしまうのだろう」と自分を責め、誰かに助けてほしいと必死の叫びをあげていることが多いのです。けれども、基本的に他人と信頼関係を持つことが容易でないため、責められると、「この人も私の気持ちをわかってくれない」と、ますます閉じこもってしまいます。一方的に非難するより、「いろいろないきさつがあってこうなったのかもしれない」と、まず現実的な対応をすることも必要なのです。

加害者である親にも、カウンセリングや、同じような親たちが集まるセルフヘルプグループへの参加など、援助の手があることを知ってもらうとよいでしょう。

ごく当たり前の家庭で起こっていること

こうした子どもの虐待は、特別な家庭での出来事ではありません。「子どもを虐待するような親は、例外的な親だろう」「そんなのは、ごく一部の〝おかしい〟人たちがすることだ」という声もよく聞きます。けれども、親が子どもを「体罰」や「躾」という名目で殴ることなどは、どこの家庭でも当たり前に行われているのではないでしょうか。

その「体罰」は、おうおうにして親の都合によるもので、子どもが親の思いどおりにならないことで、腹立ちまぎれに思わず手をあげていることが多い。おねしょをしたから、バイオリンやピアノが上手に弾けないから、算数のテストの点数が悪かったから、食べものを床にぼろぼろこぼすから、といって子どもを殴る親は、子どもをエゴイスティックに扱っているだけではないでしょうか。

子どもは、親のお人形やロボットではありません。親の思いどおりにバイオリンが弾けなかったからといって、子どもを殴る権利などありません。とくに幼い子どもは、親に依存しなければ生きていけませんから、親に殴られれば、必死になって殴られないように、親の気に入るように努力します。殴られたのは「自分が悪かった」からであり、自分がもっと努力して親の望みどおりの「良い子」になれば殴られない、見捨てられない、好きになってもらえる、と思うのです。子どもは親に愛されなければ生きていけないからです。

本来、バイオリンに憧れるのなら、親自身が「バイオリンを弾けるようになりたい」わけですから、自分が習いに行けばいいのです。

親が、自分の人生で取りこぼした夢や、やり残して悔しく思うことを子どもに肩代わりさせるのは、親の「暴力」です。子どもは親の所有物ではありません。子どもには子どもの、好きなことや、夢や、やりたいことがあるのです。

子どもと自分を一体だと勘違いしている親は、自分がバイオリンを習う楽しみを味わうより、「バイオリンを上手に弾ける子どもを持つ」ことに憧れているだけです。自分の価値観を子どもに押しつけ、押しつけていることにさえ気がつかないので、この種の行為を私は「やさしい暴力」とか「見えない虐待」などと呼んでいます。

子どもは、独立した人格を持った、自分とは別の人間である、という意識がありません。自分のやりたいことを代わりにやらせる「ペット」のようなものなのです。ペットですから、殴ったり、おどしたり、なだめすかして、思いどおりに芸をしこもうというわけです。上手に芸ができるようになったら、上手にしつけた自分のお手柄ですから、近所や世間に連れて歩いて自慢し見せびらかすことができます。

「子どものため」「この子の将来を思って」などというのは言い訳に過ぎません。子どもを殴るとき、真の愛情から殴っている親がどれだけいるでしょうか。親と子どもでは明らかに親が「強者」で、子どもが「弱者」です。強者と弱者の間では、ほうっておけばなんらかの虐待が起こってしまうものであり、強者のほうは、自分が相手を虐待していることに気づかないことが多いのです。子どもに有形・無形の暴力を加える親は、弱い者いじめをしている子どもと変わりません。

親が無自覚に投げつける言葉の暴力

身体的に殴らなくても、情緒的に虐待する場合もあります。

「おまえはダメな子だ」

「生まれなければよかった」

「おまえを見ているとイライラする。今すぐここから出て行って」

こんな言葉を投げつける親は、自分のその言葉が、どれだけ子どもに大きな影響を与えているかについて無自覚です。


親のほうは、本当に子どもを捨てるつもりなどなくて、ちょっとした自分の不機嫌で八つ当たりしているだけかもしれません。けれども子どものほうは、親に「見捨てられる」という最大級の不安と恐怖でふるえあがります。子どもにとって「見捨てられること」は死に値するほどの恐怖なのです。

「こんなダメな子では捨てられてしまう」

子どもは恐怖に怯え、親の期待に添うように努力します。夫婦関係がうまくいっていなかったり、嫁姑の仲が悪かったり、常に親が緊張状態で、自分の怒りを子どもにぶつけていれば、子どもの情緒も安定しません。その日、そのときの親の機嫌で怒られるのですから、「こういうことがいい」「こういうことが悪い」という自分なりの道徳観を育てることもできず、親の顔色をうかがって行動するようになります。


情緒的な虐待の中には、もっと見えない形で行われるものもあります。子どもに過剰な期待をかけ、その期待で子どもの人生を縛ってしまうという暴力です。

「○○ちゃんは良い子ね」

「お勉強がよくできて偉いわ。きっと東大にいけるわね」

「将来はりっぱなお医者様になってね」

　こんなことをいい続けられた子どもは「良い子」であり続けなければならず、「東大」に入らなければならず、「医者」にならなければ親の期待を裏切ることになります。

子どもは、ときには良い子にしていますが、ときには悪いこともするものなのです。

親は、悪いことをしたときには叱っても、やはり変わらずに子どもを愛するからこそ、子どもも健全に成長していけます。「勉強ができるからおまえを愛する」というのでは、勉強ができなくなったら親に愛されないことになります。「勉強ができる」ことをほめるのはいいのですが、「勉強ができたってできなくたって、あなたは私のかわいい子どもだ」というのが基本線にないと、子どもは「勉強のできる自分」にがんじがらめになってしまいます。

　医者になることを期待されて育った子どもは、自分が本当に送りたい人生を送ることができず、親の期待どおりに医者になり、親に自分の人生を乗っ取られたまま、喜びの少ない人生を送ることになるかもしれません。また、医者になることを放棄しながら、「親の期待に応えられなかった」という罪悪感や、親に対する申し訳なさを常にどこかに持ち続ける人もいるでしょう。医者にならなかった自分に、期待はずれといってはがっかりしている親の愛のなさを恨むかもしれません。

どんな親であっても、「親」であるだけで、多かれ少なかれ、子どもに期待し、子どもの人生に侵入しているのでしょう。しかし、その期待には「おまえはそのままでいい」「そのままのおまえが私の大切な子だ」というメッセージが、きちんと伝えられているという前提が必要なのです。

これを欠いた親の期待の押しつけのことを「条件付きの愛」といいます。「条件付きの愛」は親から子どもへの脅迫状にほかなりません。

気がついたら子どもを突き飛ばしていた！

虐待されて育った子どもは、自分が親になったとき、自分の子どもを虐待する親になってしまうことがあります。この経路には、大きく分けて二つあって、一つは投影性同一視、もう一つは嫉妬です。

自分の育てられた方法以外で子育てをすることは容易ではありません。意識的にせよ、無意識的にせよ、人は自分が育てられたような形で自分の子どもを育てていきます。たとえそれが精神的・肉体的苦痛をともなった虐待の子育てだったとしても。

「自動的に手が動いて」子どもを突き飛ばしていたという母親は意外にも多いものです。子どもを殴っておいてそんな無責任なことを、と思う人もいるでしょうが、これは彼女たちの正直な気持ちです。彼女たちの中には、子どもに手をあげることを悩んでいる人がたくさんいます。誰か助けてほしい、私の手を止めてほしい、そう思いながらもどうしようもない。「気がついたら」子どもに手をあげてしまっているのです。

「JUSTホットライン」というものがあります。JUSTは「特定非営利活動法人日本トラウマ・サバイバーズ・ユニオン」の略で、サバイバーが個々に成長を遂げるための相互援助組織です。

そこに入る相談の電話（☎03−6436−0509　http://www.just.or.jp）は、周囲の人たちからだけでなく、虐待している母親本人からかかってくることも少なくありません。

彼女たちは、子どもを虐待してしまう罪の意識と焦りを感じています。「私は母親として失格だ」「わが子を愛せないなんて、女としてどこかおかしいのではないか」――彼女たちは深刻に悩み、苦しんでいます。

すべての母親が、いつも「子どもがかわいくてたまらない」わけではないのです。子どもを産みたがり、自分のすべてを子どもに捧げ、つくしたがる「母性本能」というものを女性がもともと具えているというのは幻想に過ぎません。

どんな女性でも、「子どもを産みたい」と思うときもあれば、「子どもなんて面倒なものは欲しくない」と思うときもある。母親になっても、子どもが「かわいくてたまらない」と思うときもあれば、「うるさくてうっとうしくて憎らしい」と思うときだってある。「たまには子どもから解放されて友人とカラオケに行きたい」「子どもがいるから旅行にも行けない」などと恨めしく思うことがあってむしろ当たり前なのです。

しかし、「母性本能」という神話にがんじがらめになっている母親たちは、自分の感情も欲求も忘れて、自分の全生活を子どもに捧げるべきものだと思い込んでいます。母親とはそういうものである、そうあるべきだ、と。

「母性本能」という神話にとらわれた彼女たちは、現実的に不可能な、子どもに自分のすべてを捧げる献身的な「良い母親」になろうと努力してしまいます。それゆえ、自分だけの時間がもっと欲しい、子どもが面倒だ、自分の子どもなのにかわいいと思えない、そんな気持ちを持ってはいけない、そんな感情を持つのは子どもを愛していない身勝手な「悪い母親」だ、と自分を叱責し、感情を押し込め、じっと我慢を続けます。

それがどんな人にでも生じる、いたって健全な感情であるにもかかわらず。

押し込めてきた感情はあるとき突然、「自動的に手が動いて」わが子を突き飛ばしてしまうことで放出されます。切れた堰《せき》は簡単に止めることができません。無力な子どもを虐待する葛藤の日々が始まるのです。

日本人の聖母像「尽くすお袋」

だいぶ前になりますが『遠き落日』という映画があります。これは、野口英世とその母シカの関係をテーマにしたストーリーです。エンディングは、足の萎《な》えたシカを背負った英世が落日に向かって歩いていく、というシーンでした。同じようなイメージの母子の銅像が、東京の笹川記念会館の前にも建っています。

このような映画が人気を博したり、こうして銅像となってほめ讃えられる。それほど、この母・息子関係のイメージは日本人にとって一般的には美談で、「こうあるべき」と思われている姿なのでしょう。

母とは、わが身を捨てて子どもを愛し、命をかけて息子に尽くすもの。そして、母の愛を一身に受けて育った息子は、さまざまな困難を乗り越え、「男の中の男」となる。全エネルギーを注いで疲れ果てた母は、「りっぱな偉い人」となった息子に、「ボクがこうして成功できたのもお母さんのおかげです」と感謝を捧げられ、背負って歩いてもらう。

私の目から見ると、こうしたお母さんは、自分自身の中身がなく、彼女の中身は「息子」一色です。彼女は自分の人生を「自分のために」生きたのではなく、「息子のために」生きている。けれども、母のほうも、野口英世を育てられれば人生の一発逆転です。偉人の母としてあがめられる。

自分の目的と息子の目的が区別できないほどに一体化していて、子どもに人生を捧げることを「バカバカしい」とも思わないし、息子のほうも「うっとうしい」とも思わず感謝を捧げている。これは理想的に完結した母・息子の「情緒的近親姦」といえます。野口英世親子だったから最後まで破綻《はたん》せず理想的に終わっただけで、もっと才能の乏しい一般的な普通の子どもの場合、母親自身の人生を犠牲にしてまで自分ひと筋にかけられたらいい迷惑でしょう。

自分の人生を生きていない母親は、野口英世でもない自分の息子につい大きな期待をかけてしまい、なんとか息子が一発逆転して自分の人生に栄光を与えてくれないかと、勝手な夢を抱いてしまいがちなのです。

私は、このようなイメージの母子を見ると「まるでおんぶお化けのようだ」と感じるのですが、このような母親はとくに恐ろしいとも思われず、理想の母親像としてあがめられています。そして日本の男たちは、この聖なる「お袋」をいつも求め続けています。

卒業した学校を「母校」と呼んでなつかしみ、「母なる企業」の胸に抱かれて安心を得る。夜はバーの「ママさん」に甘えて、子どもっぽい自慢話を聞いてもらってナルシシズムを満足させる。結婚すると妻を「ママ」「お母さん」と呼び、「お袋の味」の食事をつくらせ、「お母さん」の目を盗んで浮気したり、悪いことを見つかって怒られたりと、まるでやんちゃ坊主のようです。「母親」が相手ならすべては結局許され、ボクのためにまた尽くしてくれるわけです。

ガミガミいう「かあちゃん」に「頭があがりません」という夫を演じている人もいますが、これもやはり「母」なのです。いつもガミガミ尻にしかれながらも、そんな「かあちゃん」に見捨てられたら生きていけないので、ワンセットになって夫婦で「母と子」をやっています(今も状況は本質的には何も変わっていない)。

どんな女性の中にもあるバッド・マザーと聖なる母

女性たちのほうもまた、こうした男の「お袋幻想」にノーを突きつけられません。男の理想とする女性像を演じることで、その幻想を保つことに荷担しています。そのほうがこの社会の中で生きていくのに楽なのです。

男性は、ときたま聞こえてくる「子どもを殴る母親」や「子どもをほったらかしにしておく母親」を、「とんでもない女」「例外的な一部のおかしい母」として「お袋」イメージから分断します。男を甘やかしてくれない女や、自分自身好き勝手なことをやっている女は、「悪い女」「淫蕩《いんとう》な女」なのです。

そのような女性に非難を浴びせ、おとなしいつくす妻や、母なるやさしい女性を「女の美徳」とほめ讃える。でしゃばらず、ひかえめで、男にあわせ、「男をたてる」女が、日本の女性の鑑《かがみ》です。

女にたててもらわなければたたないのが男なら、無理して「男」なんかやらなくてもいいのではないかと思うのですが、「男をたてるのが女だ」「男をたてろ」と要求する。女性のほうも、そうしたほうが男性に好かれ、「良き妻」「良き母」としてほめられ、無難に生きていけるので、無理して「女」をやる。男性のイメージする女性像を演じられないと、「自分は女としてダメなのではないか」と、自分で「良き女失格」の烙印《らくいん》を押してしまうのです。

こうして、「聖なる母」と「バッド・マザー」のイメージははっきり分かれていきます。奔放《ほんぽう》に生きている女性は、恋愛をする相手としては楽しい。けれどもそれは「遊び」向きの相手で、結婚するなら、やはり「良き母」になりそうなタイプの女性を選ぼう、という男性は多いでしょう。社会の中で「良きサラリーマン」を演じている男性たちは、家に帰ったら「安らぎたい」と願っている。やりたいことを平然と実行しそうな女性では、どうにも安心できません。

女性もそれがわかっているので、このどちらかのタイプを演じるようになります。結婚したいのなら、「お袋」を演じているほうが多くの男性に好まれ、選ばれます。

こうして男性の好む望まれる女性像を演じているうちに、彼女の「生き生きした現実」は失われていきます。

聖なる母もバッド・マザーも、両方とも一人の女性の中にあるものなのです。両方あってこそ本当の自分です。いつもいつも「良き妻」「良き母」ばかりやっていたのでは、息苦しくてたまったものではありません。ときには男性を母のように甘えさせてあげても、**自分のやりたいこともやれず、自分のいいたいこともいえなければ、「本当の自分」が窒息してしまいます。**他人の目に縛られ、他人の期待に添った自分を演じ続け、気づかないうちにロボットのようになっている女性は多いのではないでしょうか。

男性のほうもまた、「一人前の男」をやるのに疲れて、会社の中では本音もいえず、本当の自分が窒息しそうになっています。自分の魅力や能力でいつまでも妻をひきつけておく自信もないので、男どうしで結託《けったく》して「良き妻」神話に女性を閉じこめ、安全な安らぎ製造機に仕立てあげようとします。「それが女性のすばらしさだ」などとおだてながら。

この男性論理中心の社会では、ここからはずれると「女を捨てた女」ということにされてしまうので、女性も自ら「お袋」神話にのり、「母性本能」神話の罠に閉じこめられていきます。そしてある日、自分の欲求不満を、自分より弱い者に向かって爆発させます。その犠牲となるのが子どもたちなのです。

ほどよくいい加減な母親のすすめ

良妻賢母をやろうとすればするほど無理がきます。良妻賢母が一番すばらしいのだと信じれば信じるほど、反対側からバッド・マザーが吹き出てきます。母親が、本当の自分とは違う良妻賢母をロボットのように演じ、父親はサラリーマンとしての義務をロボットのように果たしていれば、子どもも本当の自分を窒息させてロボット化します。あるいは、ロボット化に反抗して、バッド・チャイルドとなって吹き荒れます。家庭内暴力や問題行動を起こす子どもは、このような家庭から生まれるものです。

さて、振り返ってみて、あなたが子どもの頃のお母さんは、どんなお母さんだったでしょうか。あなたにつくし、あなたを期待の目で縛りあげる母親だったでしょうか。それとも、始終あなたに八つ当たりしたり、きょうだい間で比較したり、口うるさい母親だったでしょうか。

「お母さんが、もっとこんなお母さんだったらよかったのに」

「あのとき、お母さんにいわれた言葉が今でも忘れられない。私は傷ついたのよ」

「あんなお母さんでなければ、私もこんなふうにはならなかったのに」

と思ったこともあるかもしれません。

自分が親から傷を受けているので、自分の子どもに同じことをして仕返ししている人もいるでしょう。母親とは正反対の「良い母」になろうと必死の努力をしている女性もいるかもしれません。

けれども、「聖母」のイメージは、みんなでつくりあげた幻想であり、イメージでしかないのです。現実のお母さんは、聖母ではありません。あなたのお母さんも聖母ではないのです。お母さんが聖母でなかったからといって、がっかりする必要もなければ、どこか別のところに聖母を探す必要もありません。完璧な聖母である女性など、どこにもいないのです。聖母でなくて当たり前で、誰も聖母のお母さんなど持っていないのです。

そして、あなたが女性であれば、あなた自身も「聖母」ではありません。聖母になどなれっこないし、めざす必要もないのです。めざしたとたんに、あなたの中の聖母とバッド・マザーは分裂し、いつしかバッド・マザーに乗っ取られることになるでしょう。

もちろん、バッド・マザーをめざす必要もありません。**ときどきは良さ妻・良き母で、ときどきは自分の都合で怒ったり、妻や母の役目をサボったりと、自分の現実に見合った程度に「いいかげん」にやっていればよいのです。それで十分「良い母」です。**

子どもにたいしていいこともしてやれない代わりに、たいした悪いこともしない。**子どもの人生に、ものすごい影響力をおよぼそうとしなければ、子どもは子どもで自分の人生が送れます。**イギリスの小児科医で精神分析医でもあったドナルド・ウィニコットがいっているように、「ほどよい母」（グッド・イナフ・マザー）が、一番よいのです。

どちらにもいき過ぎず、ほどほどにできることは、じつはたいへんな能力です。ステレオタイプの良妻賢母を演じるほうがこの社会では楽な面があり、楽さを選んでいると、自分らしい生き生きした感覚を失っていきます。夫や子どもの欲求に耳を傾けるのと同じくらいに、自分の欲求にも耳を傾けてみることです。「聖母」になろうとせずに、自分に無理なくできる程度の「ほどよい母」でいればいいのです。

たまには子どもにとって「悪い母」をやってしまっても、そう自分を責める必要はありません。みんなそんなものです。自分の中に「良い母」も「バッド・マザー」もいることをまずはあなた自身がわかってあげることが大切なのです。

男性であれば、自分の中に両方の母親像があることを認め、それを分割して別々の女性に投げかけ、一方を大切にして一方を非難するなどはやめることです。一人の女性の中に両方の女性像があり、自分たち大人の中にも「子ども」がいることを認め、自らが「ほどよい男」であればよいのです。

第2章

「私」と「母」を分ける

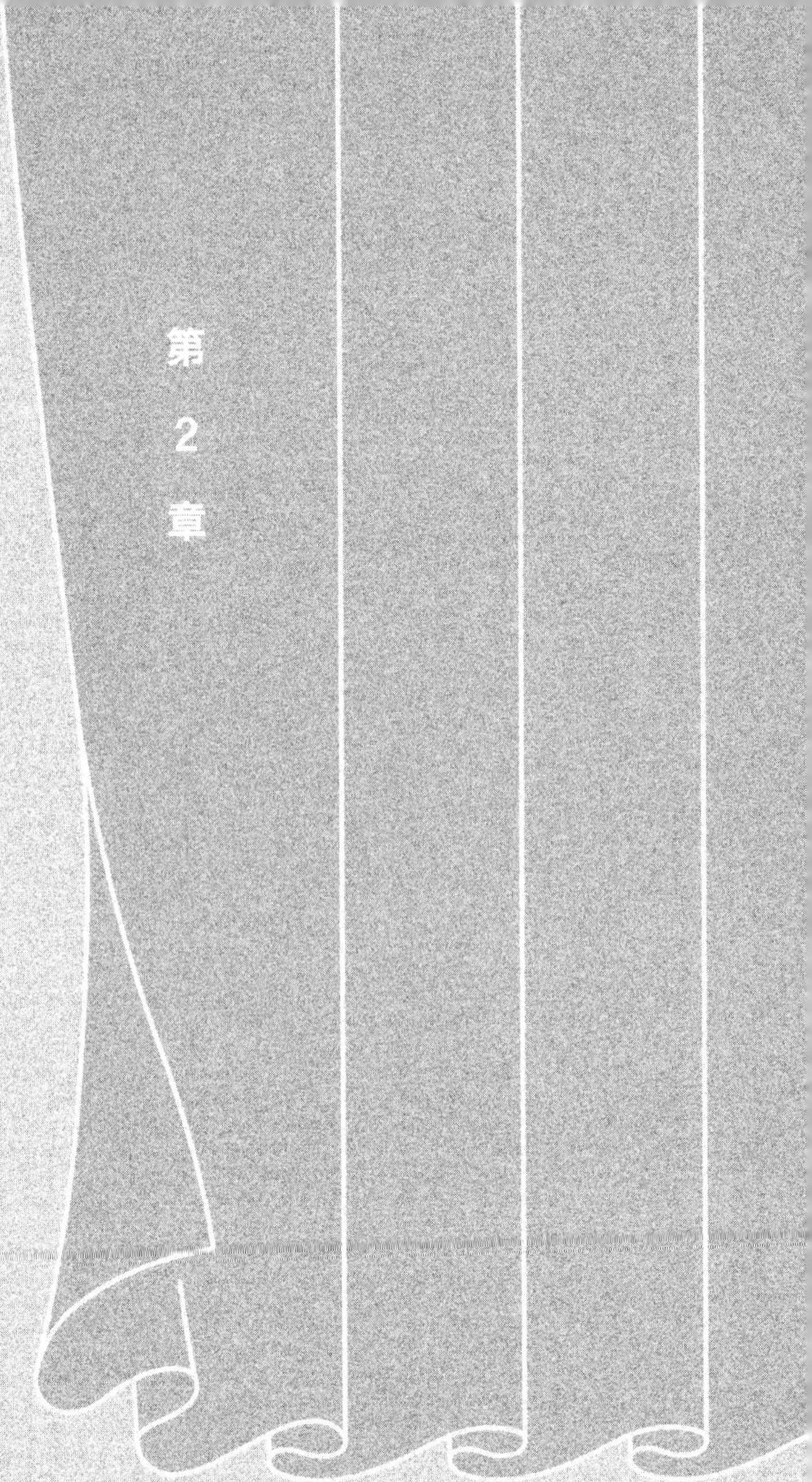

マザコン息子より問題なマザコン娘

かつて「冬彦さん」という言葉がテレビドラマの影響で大流行しました。マザー・コンプレックス、いわゆる「マザコン」傾向のある男性をそう呼んだわけです（今も「冬彦さん」は消滅したわけではなく、脈々と生き続けているのですが）。

母親との密着度が非常に高い息子が、母親という殻《から》から脱皮できないまま大人になってしまい、分離できずにいる状態なのですが、母親もまた、いつまでも息子から離れることができず、あれやこれやと世話をやき続けます。

けれども男性だけがマザコンになるのかというと、そうとは限りません。昔からあったものですが、最近になってとくに注目され始めたのが、母親と娘の密着関係です。これは、母親と息子の関係以上に考えなければならない問題です。

母親と息子は異性ですが、母親と娘は同性です。**同性の子ども、つまり娘というのは、母親にとっては息子以上に心理的な距離を取りにくく、密着関係を打ち破る緊張が生まれにくい**もののようです。

娘を自分の身体の一部のように感じ、あるいは分身化し、自分と同様の感じ方や考え方を抱くのが当たり前だと思う母親、夫への愚痴を娘にたれ流し、**自分の感情を共**

有させようとする母親がどれだけ多いことか。

夫への不満は夫婦間の問題なわけですから、直接当人にぶつければよいのですが、ぶつけたところで夫のほうは面と向かって受け止める力がない。結局、**娘という自分の分身に妻の役割という自分の世界を被**《かぶ》**せてしまっている**のです。

これでは、親は親で大人の世界を築き、子どもは子どもで自分の世界を築くことができず、親が子どもの世界に侵入する親子未分化な世界ができあがってしまいます。

「お父さんにも困ったものよ。お母さんはずっとこんなに苦労してきたのよ」と娘に訴える「不幸な母親」を、「良い子」で「やさしい娘」は、「お母さんはかわいそう」と思うようになります。

父親は仕事、仕事でいつも家におらず、いても存在感がなく、いないのと同じです。いつの間にか仲間はずれのように孤立してしまっています。母親のパートナーは父親のはずなのに、二人は互いに話相手にならないわけです。そのうち、母親の「カウンセラー」として話を聞いては慰め、ときには一緒になって父親を攻撃してくれる娘ができあがり、母娘の密着度はますます高まっていきます。

互いの人生を食い合う「一卵性母娘」

彼女たちは、一緒に買い物や旅行に行ったり、服やバッグを共有したり、ものの考え方や価値観もそっくりな、友だちのような仲良し母娘関係を築き上げます。仲良しなのが悪いわけではありませんが、この関係から離れて自分の世界をつくり、広げていくことができなければ、お互いの人生を食い合う関係になってしまいます。

学校でも母親より親しい友人ができない。ボーイフレンドのこともいちいち報告し、恋愛相談も友人ではなく母親にする。職場の人間関係がうまくいかないといっては母親に訴え、「そんな会社なんか辞めてしまいなさい」といわれればすぐに辞めてしまう。こうした娘たちは母親とのべったりと密着した狭い世界の中で生きているのです。

私はこのような親子を「母娘《おやこ》のカプセル」と呼んでいます。母親と娘で一つのカプセルに入っていて、外の世界に出ていけないのです。

生まれたばかりの乳児にとっては、母親以外の世界は存在しません。そこでは母子カプセルは当たり前であり、かつ必要なものです。子どもは通常、成長していくにしたがって自分の世界をつくり始め、母子カプセルから自然に分離していきます。

けれども、夫との関係に満足していない寂しい母親は、子どもをなかなか手放さなくなります。いつまでも自分の思いどおりになる「お人形」にしておこうとするのです。「一卵性母娘」と呼びたいような母娘は、私のクリニックにもたくさん現れます。

パワフルな母親と無力な娘のカプセル

過食症のF子さん（二二歳）の例をあげてみましょう。F子さんの父親はアルコール依存症で、数年前、肝硬変で死亡しました。それから数年して、一人娘のF子さんの病気が始まりました。

母親は、夫には存命中からすでに見切りをつけており、ビジネスの世界に入ってかなりの成功をおさめている人です。てきぱきと仕事や家事、育児をこなしてきました。

病気になってからのF子さんは、それまでの「良い子」をやめ、母親との関係に密着するようになります。病気になることによって、母親に自分の面倒をみてもらおうとしたのです。死んだ父親の代わりをやっているのです。

そんなF子さんを母親は振り払いたいのですが、「お母さんは子どもの頃からちっとも私の面倒をみてくれなかった」といってはまとわりつかれます。会社を一時休んで抱っこしてあげたりするのですが、そうそう一緒にいることもできない。しばらく放っておくと、「私はいつまでもお母さんに迷惑をかけている」といって手首を切った

りします。大騒ぎになって、また面倒をみることになる。この繰り返しをやっていま
す。

こういう場合、一つには、「いつまでもそばにいていいよ、いつまでも食べたいだけ食べてれば」といって、思う存分甘えさせてあげる方法があります。そんなことをしていれば親も疲れてきますから、「こんなクタクタの親にはそういつまでも面倒をみてもらえそうもない」とわかってきます。

ところが、パワーのある母親の場合、面倒をみようと思えばみることができてしまうので、子どものほうもどんどん幼児化し、さらに進んで羊水《ようすい》の中の胎児のように動かなくなってしまうことがあります。「娘が本当に死んだらどうしよう、私が悪い母親だと思われる」という恐怖感から、なんとか死なないように面倒をみてしまう。余計に赤ちゃん返りが進んでしまうわけです。

この母親は、しばらくボケて何もできないフリをしてみることにしました。すると、F子さんはすっかり母親のようになって、「トイレはこっちよ」「だめじゃないの」などといってかいがいしく母親の世話をやき始めたのです。ところが母親のほうはそうした娘の変化がうれしくて、一週間もすると仮病をやめてしまったため、もとのモクアミとなりました。やればできるということはF子さんにも母親にもわかったわけで

す。あとは母親が娘を放り出し、目の前から消えてしまえばいいのです。そうすれば、F子さんも仕方なく化粧でもして、アルバイト探しにでかけるでしょう。

けれども、もともと、アルコール依存症の夫に頼らず、自力で生活を切り開くほどパワーのある母親です。そんな母親ならF子さんも安心して迷惑がかけられる。「パワーのある母親と無力な娘」というこの母娘カプセルを壊すのは、まだまだ時間がかかりそうです。母親のパワーが枯渇《こかつ》するのを待つしかないのかもしれません。

妻の家に嫁ぐ「都合のいい男たち」

ワーカホリックの父親たちの経済力のおかげで、安定した生活を送っている母娘カプセルもあります。

こうしたカプセルの中に住んでいる娘たちは、まず、結婚しようとしません。生まれ育った家で、時間になれば食事の用意ができていてお風呂も沸いている。いつの間にか部屋も掃除され、衣類も洗濯されている。親と一緒に暮らしているそんな快適さを捨てて、どこの馬の骨ともわからないような男と一緒になり、狭いマンションでわざわざお金や家事の苦労をする気にはなれない。

「親がいて家もあるなら、それに見合う男を見つけよう。見つかるまでは今のままでいいじゃない、なんで急いで結婚しなくちゃならないの？」というのが彼女たちの本音ではないでしょうか。新しい世帯を持つことにそれほど大きな意味を見出せないのです。

サザエさんのように、夫が妻の実家に寄り添う「マスオさん型結婚」は、ますます増えてくるのではないでしょうか。男性の実家は地方にあり、本人は東京の大学に出てきてそこで就職する。すると、東京在住の女性と結婚できれば男にとっても都合がいい。そういう条件が、男にも計算の対象になってきます。一時、男性週刊誌で、家つき、資産つきの独身女性を紹介する特集をよくやっていましたが、男性の結婚意識や女性選びもそのように変化しているのです。

部屋は一応別だが、同じマンションにしたり、二世帯住宅で妻の両親と一緒に住んだりと、明らかに**母親のコントロール下にいる娘のところに男性が「嫁いでいく」**わけです。妻主導で、妻の両親の経済的援助を受けて暮らす場合もあるでしょう。今まではでは女性が男性の家に入り、「嫁」としてその家族の風習に合わせていったわけですが、マスオさん型結婚では、男性が女性のほうの家族に取り込まれることになります。

こうして嫁いだ男性は、あまり自分を主張せず、良いお婿さんを演じます。「夫というのはこういうものだ」と変な意味で悟ってしまい、**「良いお婿さんロボット」**になろうとします。今までの女性が長年「良妻賢母ロボット」を演じてきたように。

マスオさんというのは、サザエさん一家にとっては全く「都合のいい男」といっていいでしょう。サザエさんの家族が問題なくうまくやっているのは、ひとえにマスオさんの「都合のよさ」のおかげです。

まじめに会社へ行って、ときどきは居酒屋くらいには寄っても、それほどひどくハメをはずすこともありません。サザエさんの父親や母親に影響を受けることがあっても、そこに境界を設けることはしません。「ここから先は私たち夫婦の問題です。立ち入らないでください」ということもないようです。こうした合宿のような生活をしていられるというのは、私たちの感覚からすれば驚くべきことです。

「マスオさん」が脱落するとき

サザエさん一家に問題が起こってくるとすれば、まずマスオさんの脱落が考えられます。「もうこんな生活はいやだ！」といって、波平夫婦にたてついたり、サザエさんを置いて家を出てしまう。そのときサザエが、あの平和な一家を捨てて、マスオさんを追いかけて家を出るのか、それとも家に残るのか。

サザエさんのことはわかりませんが、どうも現代の一卵性母娘を見ていると、マスオさんを捨ててしまう奥さんが多いような印象です。今の日本で、土地を買って、家を買って、自分たちの新しい世帯をつくるのはたいへんなことです。そんな苦労をするくらいなら、マスオさんを捨てて家つき娘でいたほうがずっといい、というわけです。

そうなると今度は、サザエさんと息子のタラちゃんが「母子一体化」の関係になっていくかもしれません。波平夫婦が亡くなった後は二人で生きていかなくてはなりませんから、サザエさんはタラちゃんに依存するかもしれない。そこでタラちゃんがサザエさんを捨てて出ていけるか、それともサザエさんをおんぶお化けのように背負ったまま磯野家に嫁を迎えるか、独身のまま母親と生きていくか、という選択になってきそうです。

マスオさんが脱落せずに「良いお婿さんロボット」を続けた場合、タラちゃんがどう育つかにも興味があります。母親のパワーが強い一家ですから、当然、子どもにもその影響がおよびます。漫画では、まだタラちゃんが小さ過ぎるのでわかりませんが、磯野家にヒビを入れる問題児になる可能性はあります。

「おやじには中身がない！」などといって暴力をふるって荒れ狂うかもしれません。実際に、この種のいわゆる「家庭内暴力」は、母との密着を避けようとする子ども側の必死の努力であることが多いのです。

カプセル化した親子関係の中では、母親は子どもの自立を妨げます。家庭内暴力に限らず、閉じこもりや自殺未遂や非行やいじめなどの子どものさまざまな問題行動は、このカプセルから逃れようという試みだといいたいのです。ですから、子どもの「治療」過程は、カプセルの「解体」過程となります。母親が子どもに依存せずに、母親は母親で自分の人生を生きていけるようになれば、子どもも子どもで自分の人生を形づくることを始められます。

それは決して、母と子が関係なく生きることではありません。母子一体のカプセルから抜けだし、豊かな人間関係を広げながら、母と子も一対一の大人同士としてつき合えるようになるということです。

家の中のことを話してはいけない

カプセル化した親子が増えてきた背景の一つに「少子化」があります。現代は、昔のようにたくさんのきょうだいがいて大家族で暮らすことは稀《まれ》です。子どもは一人か二人という家族が多い。

子どももたくさんいれば、一人ひとりにそれほど手厚くかまっていられませんが、一人か二人なら、目が行き届きます。それだけ子どものペット化も進みやすい。

昔のように「子どもは天からの授かりもの」という意識もありません。「まだ欲しくない」場合は避妊し、人生設計の一つとして「そろそろ子どもをつくろう」と計画して妊娠・出産する。「そろそろ車を」「そろそろ家を」というのと同じで、子どもも、自分の生活を豊かにする人生戦略の一つの焦点なのです。当然、子どもに、自分を豊かにしてくれることを求めてしまいます。

もう一つの要素は、家族の壁です。家族というのは、その家独特のカルチャーを持っています。他の家族とも交流があって、「うちはこうだけど、他の家ではこうらしいよ」と外からの風を自由に入れることのできる家族ならいいのですが、この壁がとても高くて厚い家族があります。すると、家族内の空気がよどんで、そこにさまざまな問題が起こってきます。

壁が厚い家には、さまざまな家族神話がはびこっています。「うちは十何代続いた高貴な家柄で、このへんの家は、みんなうちの小作農だったのだ」などという神話です。よその家とは違う、自分の家のほうが格が高いと思っていたりするのです。

こうした家族が、異なった言語や文化を持った土地に移住したときには、さらに家族の壁は厚くなります。自分たちの神話が全く通用しませんから、「この土地の人間は礼儀知らずで不親切だ。だから田舎者は困る」ということになります。外部からの影響はますます入りにくくなり、歪《ひず》みは家族の中で進行します。なにか問題が出てきても、なかなか周囲に助けを求めようとしませんから、問題が発覚したときには、かなり大きくなっている場合が多い。

現代の核家族は転勤などでよく移動し、土地に根をはやさないようになってきています。都会では、マンションの隣にどんな人が住んでいるのかさえよく知らない、という人が少なくないのではないでしょうか。そんな環境では、家族の壁はますます厚く高くなりがちです。その中で、夫が不在がちだと、妻は孤独と不安に襲われます。

こうしたときに、その土地で新しい人間関係を広げていく能力のある妻ならいいのですが、それができないとたちまち行き詰まります。自分のほうを向いてくれない夫に対して欲求不満が増大し、攻撃的になります。こうして夫婦関係はうまくいかなくなり、「不幸な母親」が生まれ、母子カプセルができあがるのです。

子どもが見た恐い夢

第1章で「聖母」と「バッド・マザー」の話をしました。無理して聖母ばかりやろうと思ってもできるものではありませんから、子どもはそのあたりの微妙な矛盾を敏感にキャッチします。親が一番隠したい部分を鋭くつかむのです。そして「現実の母親」が隠そうとしている「バッド・マザー」のイメージを夢に見たりします。

刃物恐怖という神経症を持つG子さんの話です。彼女は二女が生まれたとき、子育てがたいへんで、「自分はこの子を殺してしまうのではないか」という恐怖を感じます。やがて、刃物が怖くて触れなくなってしまいました。

その後、G子さんの刃物恐怖症は、森田療法という治療で治りました。そこで、森田療法の会の機関誌に手記を書きました。けれども、娘を殺そうと思ったなどという内容ですから、もちろん娘の目には触れないように、その雑誌は隠していました。

それから数年経って、娘が過食症になり、私のところに治療にきたのです。治療の一環として、母と娘でいろいろと話しているうちに、娘が、子どもの頃に見た恐ろしい夢の話を始めました。それは四〜五歳の頃に何度も繰り返し見た悪夢でした。

「白い裾《すそ》をひきずった女性が刃物を持って襲ってきて、殺される」

その恐い女性は母親だったというのです。

母親のG子さんは、てっきり自分が森田療法の機関誌に書いた手記を娘が読んだのかと思ったのですが、娘は、そんなものは全然知らないという。

現実の母親は刃物恐怖症も治っていましたし、とてもやさしい印象の女性で、「私がノイローゼだったために子どもたちに迷惑をかけた」といっては自分を責め、いつもオロオロ泣いているような人です。娘を刃物で殺したいと思った、そんな自分は隠しておいたつもりが、ちゃんと娘に伝わっている。

刃物恐怖というのは、自分の中の攻撃性の一つの表現です。攻撃性を出すことを恐れるから、刃物が怖くて触れなくなる。怒りが外にもれたらどうしよう、怒るのは悪いことだから隠しておこう、自分の怒りは人に見せないようにしようと強烈に怒りを閉じこめるとき、こうした恐怖症が起こります。

たぶんG子さんは、自分のやりたいこともできない怒りを必死に抑えて我慢して、一所懸命赤ちゃんにつくしたのでしょう。赤ちゃんに対する攻撃性が出てこようとすればするほど「こんなことを考える私は恐ろしい」と考え、それを帳消しにしようと懸命につくす。子どもから見れば、その姿には鬼気迫るものがあったのでしょう。

子どもが取り込んだ母親イメージは、現実の母親とは違います。けれども、母親が排除した部分を鋭くつかんでいますから、その受け取った印象は正しい。母親が演じている「良妻賢母ロボット」と、子どもの夢に出てくる恐ろしい「バッド・マザー」の両方を合わせて、「本当のお母さん」になるわけです。

親のメンツを潰すことにがんばる子どもたち

このように、**子どもは親が隠していた本音を暴くのがうまいものです。**そこで、表向きはすばらしい親のところに、問題息子や問題娘ができあがってしまいます。

一人の子どもの中にも「良い子」と「悪い子」が両方いるのです。親がいつも「良い親」で、自分もいつも「良い子」でいることを強制されていたら、子どもは息苦しくなってきます。いいときもあれば悪いときもある「本当の自分」が死んでしまいます。そこで、「本当の自分」が生き残りをかけてあがくのです。「本当の自分」を認めてくれずに「良い子」の自分だけしか愛してくれない親に抗議するのです。

どうやって抗議するかというと、よくあるのは酒、タバコ、シンナー、窃盗、家出、テレクラ、売春などです。親は、子どもがこういうことをするのをいやがりますから、「親いじめ」のかっこうの手段になります。自分をちゃんと愛してくれない親に、いやがらせをしていじめるわけです。

「あなたたちは私をかわいがってるつもりでいるようだけど、その愛し方は間違ってる」と、体を張って訴えているわけです。

父親が小学校の校長から県の教育委員になり、母親も中学校の先生をしているH男くんは、あるときから荒れ始め、新築の自分の家をめちゃくちゃに壊しました。家の中の壁に柱がつきささっています。人間が怒ったときのパワーはすごいものです。

それから母親を殴り始めたので、父親と母親と妹のI子さんは危険を感じて家を出ました。一人残された彼はその後、東京に出て一人で暮らしています。

ところが今度は、兄に家を追い出されたI子さんのほうが、急に学校に関心を失ってしまいます。それまでは優等生だったのですが、成績も急に下がってビリに近くなり、茶髪にして耳にピアスをあけたりする。母親のほうとしては、実はそれほど茶髪がいけないとも思っていないのですが、教師というタテマエ上、「髪を染めてはいけません！」とやっているのがI子さんにはわかっているのです。

それとともに、I子さんの行為は、県の教育界で偉そうにしている父親に対する、痛烈なしっぺ返しでもありました。「私は教育委員なんかの娘じゃないよ。お父さんの持ち物じゃない。私は私でやるから、あんたらはタテマエやってなよ」と。

父親が「オレのメンツを潰した」などとつぶやくと、「この期におよんでまだメンツなんていってるか！」とまた大荒れです。父親にしてみれば、県のお偉いさんですから、かわいくない娘なわけです。でもI子さんにすれば、私より自分のメンツが大切なんだったらそのその大切なメンツを潰してやる、と日夜がんばっているわけです。

夜遊びをしながら、母親に「今夜は帰らないから」と電話を入れるそうです。母親は、もう息子の暴力などどうでもよくなって、今は茶髪の娘の問題で忙しく頭がいっぱいです。

カプセルを壊すためには

母親に似ていて、母親と仲良しで、母親のいうことをよく聞いて、母親とそっくりの人生を歩むだけが「母娘カプセル」ではありません。こんなふうに親に反抗し、わざと親の禁止を破ったり、親と逆のことをしようとするのも、母離れ、親離れしていないからこそなのです。カプセルから出られず、カプセルの中で暴れまわってもがいているのです。

子どもが親離れしていくときには、親に反抗して違うことをしたりするのが、健全な過程です。けれども、**カプセルが厚く強固なものであればあるほど、カプセルはずしにもエネルギーがいります。すんなり出ていけず、破壊しなければならないので、すさまじい暴力になることもあるのです。**

この例でいえば、中学校の先生をやっている母親も、その母親（H男くんとI子さんの祖母）との母娘カプセルの中で生きてきたようです。H男くんたちの祖母は利発な娘が誇りでした。自分の希望の星として生きてきて、とうとう学校の先生になってくれた。

彼女はしょっちゅうH男くんの母親のところに電話してきては、「おまえのところもたいへんだから」「何かすることはないか」というのだそうです。買い物に誘ったりすると、いそいそと飛んできます。

H男くんの母親のほうも、いい大人になった自分にあれこれいう親がうっとうしくてしかたないのですが、会えばわがままが出てしまう。何かというと母親を呼んで用事をいいつけたり、ガミガミ怒ったりしているのです。

そういう母親ですから、自分の子どもに対しても、「自分のアクセサリーとしてりっぱな子ども」であることを求めてしまったのでしょう。自分がベテラン教師として安心して生きていくためには、子どもも「さすが教師の子」といわれるように育ってくれなければ困る。教師が自分の子の教育に失敗したら恥ずかしい。教師というのは、その土地では名士扱いです。小さい町であれば、教師の子どもであるだけで、もう子ども時代に心の傷を抱えざるをえないということさえあります。

親を殺したいという願望

H男くんとI子さんは、心の傷だけでなく、身体的にも痛めつけられました。物差しやふとん叩き、いろいろなものが登場したといいます。

まず母親にカンカンに怒られ、ひっぱたかれ、傷ついてクタクタになったところへ父親が帰ってくる。母親が父親に、「この子がこんなことをした」と報告すると、今度は父親が正座させて冷静に拷問《ごうもん》を加える。涙を流すと、「泣いた」といってさらに処罰が倍増します。だから絶対に泣かないで我慢する。

H男くんは、夜、ふとんの中に入ってから、声を押し殺して泣くのです。そして、「絶対いつか親を殺す」と決意したのが、まだ小学校低学年の頃だったといいます。

小学校の高学年になると、いじめの加害者のほうへまわりました。親にいじめられて味わった屈辱を、自分より弱い者をいじめて晴らしたいのです。学校の先生にはペコペコして従順な生徒を演じ、放課後にゲームセンターに行ってはカツアゲをしていたそうです。

ところが高校に入るとさすがに力つきて、教室でもずっと居眠り、試験も白紙答案。そこでびっくりした母親がやったことがすごい。書店の教育書コーナーに行き、『子どもを一番にする法』という本を買ってきて猛勉強を始めた。そして、その本の著者が主催する受講料が何十万円もするセミナーにH男くん、I子さん、それに夫を連れて行って、数週間も滞在するということを二度にわたってしまいました。

そんなことをしているうちに、H男くんのほうはどうにもこうにも怒りが収まらなくなり、家をめちゃくちゃに破壊するほどの暴力に発展していったわけです。

そんなことをされていたら、怒る人のほうが正常です。親に暴力を向けたのは正当な怒りで、むしろいいことです。「親を殺したい」と思いながら、実際にはもんもんとしている。親に何も反抗できないときには、その怒りが弱い者に向かいます。カツアゲをして威張って、自分が強くなったような気になるのは間違いです。そんなことをしているうちは、相変わらず自分が親にとって弱者である屈辱感から逃れられていないのですから。

子どもが「非行」を起こした時点で、すでに親に対する怒りのメッセージが発せられていたのです。H男くんの親の場合は、そこでさらに『子どもを一番にする法』をやってしまったので、問題が大きくなった。親が反省せずに、悪いのはすべて子どもだと決めつけている限り、子どもの怒りもどんどんふくれあがって、本当の親殺しが起こることもあります。

母親の願望を満たす健気な娘

一見、さっそうとして自立したキャリアウーマンを演じながら、やはり母娘カプセルの中で生きている娘たちもいます。

現代の三〇代前後の女性たちの母親は、ちょうど女性の生き方が変わり始めた頃に青春を生きてきました。それまでの女性は、家のため、子どものために生きることが当たり前で、たいした疑問は出てこなかったのです。ところが、今では、多くの女性が大学に進学するようになり、職業を持ち、自由恋愛で夫を選ぶようになりました。

フェミニズム運動が盛んになり、女性も自分自身の目標を持って「自立」して生きていくことが奨励されました。けれども、彼女たちの親の世代は、夫につくし、子どもにつくす、伝統的な妻・母親の役割を当然と思っている世代です。

そこで彼女たちは、一方では社会で自分の能力を発揮することを理想とし、もう一方では伝統的な女性の役割を果たすことが当然のように期待される、という迷いの中に置かれました。多くの女性たちは、結婚して妻・母親の役割をとったのですが、一時期は社会である程度までがんばった人たちです。夫のために夕飯をつくって待ち、夫の転勤とともに地方を転々とし、夫と子どものためにつくして、それでも経済的には「養われている」専業主婦という身の上に疑問を感じたのは当然だったでしょう。

こういう主婦の中から「キッチンドリンカー」が生まれました。彼女たちは、自分の生活の空虚さに気づき、その寂しさを埋めようとアルコールにおぼれたのです。

キッチンドリンカーにならなかった母親たちもまた、家庭内に緊張を生み出しました。彼女たちは、その空虚感や抑うつの責任を夫にとってもらおうとしたのです。

「なぜ、私だけが家の中でこんなつまらないことをしていなければならないの？」「あのとき結婚していなければ、私ももっとキャリアを追求できたのに」と、夫に怒りを向けました。

夫のほうは、こうした妻たちの気持ちが理解できず、家で楽に生きている（ように夫たちには見える）くせに、疲れて帰ってきた自分に愚痴をいう妻がうっとうしい。そこで無視したりほったらかしにしたり、妻から逃げて外で遊んだり、怒鳴りつけて黙らせたり、男がどんなにたいへんか、「女の甘さ」を説教してすまそうとしました。

夫と面と向かってコミュニケーションすることをあきらめた妻たちは、娘を味方につけようとし、娘に「不幸な人生」の愚痴をいい、人生相談するようになったのです。

ここから、今まで述べてきたような母娘カプセルが生まれるのですが、この娘たちの中には、母親が夢見て果たせなかった社会的野心を、代わりに果たしてやろうという健気《けなげ》な娘も生まれてきました。

母親たちの時代には考えられなかったような職種が、現代の女性たちには開かれています。以前に比べれば女性の昇進も多くなり、華やかな独身のキャリアウーマンとしてがんばる女性たちが増えています。こうした女性たちの中には、「不幸な」母親の愚痴を聞いて育ち、「私は、家の中だけに縛られて、あんなふうになるのはイヤだ」と、母親の生き方への反発から仕事をしている人も多いでしょう。

彼女たちは、母親の無意識の願望を満たしているので、母親たちも娘のさっそうとした姿を見ることがうれしいのです。世間向けには、「うちの娘も、いつまでも仕事、仕事で結婚もしないで困ったもので」などといってみせながら、内心、さほど娘に結婚してほしいとも思っていない母親も多いのではないでしょうか。

娘たちは、自立したキャリアウーマンでなければならない一方で、母親の望みであるキャリアウーマンであり続けるという依存関係のカプセルからは脱けられない。彼女たちもまた、本当に「自分自身のため」の人生を生きているとはいえないのです。

このような娘たちが社会でいきづまって母親の願望を満たせなくなってきたとき、過食症・拒食症などの摂食障害が起こったりします。こうした病気も、カプセルにひびを入れる、カプセルはずしの一環なのです。

男女関係は、親との関係の繰り返し

独身のうちは子どもで、結婚したら一人前、という考えもありますが、結婚してからも母娘カプセルの中で生きている人もたくさんいます。

夫と新しい関係をつくっていくのはなかなか労力がいりますから、それよりも生まれたときから慣れ親しんだ母親との関係のほうが楽です。お互いガミガミやっていて、はためからは仲良さそうに見えなくても、本人どうしは「ああいえばこう文句をいってくる」という「あうんの呼吸」があり、そのパターンどおりにやっているのです。

娘と母親の関係は密接で、自分の夫よりも母親のほうを向いています。前に述べた「マスオさん型結婚」もそうですし、結婚して家を出ていても、母親が一番の相談相手、という娘はいくらでもいます。

男女関係、恋愛関係というのは、ほとんどが親との関係の繰り返しです。ですから、親との関係の歪みが大きいほど、恋愛関係でも歪みが大きい。恋愛でトラブルを繰り返し、「なぜいつもこうなってしまうんだろう」と悩んでいる人は、一度、親との関係を振り返ってみるといいでしょう。

自分にとっては、生まれ育った家庭環境や親との関係が当たり前なので、とくにおかしいとは思わなくても、他人から見るとかなりおかしいところがあるかもしれません。困っていなければ別にかまわないのですが、問題が起こってきたときには、もとの家族関係にその問題の根があると考え、両親との関係から修復をはかったほうがいいのです。

問題が大きなものであれ、さほど問題にならないことであれ、夫婦関係を見てみると、自分の両親との関係を繰り返していることが多いものです。この繰り返しのパターンが似ているほど、親離れができていないということになります。

「お母さんはかわいそう」

J子さんの例を見てみましょう。J子さんは、生まれてすぐ鉄道員だった父親を亡くしました。交通事故でした。父親が亡くなって二〜三年後、母親は再婚しましたが、この再婚相手にあまり働きがなかったので、女手一つで家計を切り盛りして、三人の子どもを育てあげました。新しい父親は短気で、よく母親を怒鳴ったり、虐《しいた》げていました。そんな中、思春期に入ったばかりのJ子さんの兄である長男を亡くします。

J子さんは、そんな不幸続きの母親を助けて、必死に「良い子」をやってきました。そして、亡くなった父親と同じ鉄道員の男性との見合い話が持ち上がり、結婚します。

子どもを二人もうけました。彼女は三〇代の初めに自律神経失調症になり、子どもに当たり散らすようになります。

J子さんは、じつは、物心つく頃からいつも母親に叱られ、ぶたれていました。母親はいつも夫に殴られていたので、自分より弱い子どもをぶつようになったのでしょう。けれども、J子さんは「ひどい母親」とも思わず、「お母さんはかわいそう、お父さんに死なれて、新しいお父さんに殴られても、いつも一所懸命働いて私たちを育ててくれた」と思っているのです。

そして、J子さんの娘のK子さんも、母親であるJ子さんを同じような目で見ています。K子さんは子どもの頃、J子さんの不機嫌で散々当たり散らされていたのに、「お母さんはかわいそう、私が助けてあげなくちゃ」と思っている。この家族のキーワードは「お母さんはかわいそう」なのです。

K子さんは実家の近くで就職します。自宅から通って家族の面倒をみようという健気な心がけからでした。長女である自分ががんばって妹もかばってきました。ところが妹はサッサと嫁にいってしまい、いよいよ自分が一人で両親の面倒をみなければならなくなった。その頃から急に無気力になって、体が動かなくなってしまう。そして、大量に食べては吐く、過食症が始まります。食べていないと頭の中がパニックになり、食べているときだけは落ち着くのです。

いろいろな病院に通ったのですが、少しもよくならず、とうとう親に連れられて東京の麻布にある私のクリニックにまでやってきました。けれども、「自分がなんで生きているのかわからない、治らなければならない理由もわからない」といって、治療は拒否します。親は、K子さんを東京に置いて郷里に帰ってしまいました。私は、「あなたの好きなようにしていいんですよ」としかいわないことにしました。すると、K子さんはときどきヨロヨロとクリニックへやってくるようになりました。でも他の患者の財布を盗ってしまうという別の問題を起こすようになりました。

親のことが心配でしかたない

K子さんは、完全に親の世話を受けている状態なのですが、本人の意識では、「自分がいないと、この家がダメになる」と思っています。自分が病気でもやっていれば、かろうじて家族がつながっているけれど、そうでなければバラバラになって、両親も離婚してしまうかもしれないと思っている。

父親はパチンコが趣味で、自分の気晴らしを持っています。でも、母親には何もない。両親の間には会話もありません。「お母さんは自分たち子どもを育てることで人生のほとんどを費やしてきたのだから、かわいそう。だからお母さんを支えてあげなければいけない」。そう思うとパニックになって、過食するほかなくなってしまうのです。

K子さんはいろいろ問題を起こしているのですが、長い目で見れば、体を張って両親を治療の場に引き出し、やはり歪んでいた両親の関係も一緒に治療しようとしているのでしょう。K子さんが私のもとで治療を受け始めてから、母親であるJ子さんも、自分の夫婦関係や両親との関係を改めて考えるようになりました。「私たち夫婦は、子どもたちにとってなぜかほうっておけない心配な存在らしい。何が問題だったのだろうか」と。

そうやって考え直してみると、J子さんと夫もまじめには生きてきましたが、心の豊かさがなかった。J子さん自身、ずっと「お母さんはかわいそう」と母親を助け、「良い子」をやってきた。母親を安心させるために父親と同じ鉄道員と結婚した。けれども、夫とは語り合うこともない。夫婦関係は干《ひ》からびていたといっていいでしょう。その干からびが娘の身体に表現されるようになる。J子さん夫婦は、娘の病気のおかげで、初めて面と向かって話し合ったり、二人の関係を考えたりするようになったのです。

そうしてみると、J子さんは、自分の母親とじつによく似た生活をしていることに気づきました。娘であるK子さんから、「かわいそう」と思われながら生きている。自分では、自分の生活がさほど「かわいそう」とも思っていなかった。もしかしたら、自分の母親もそうだったのかもしれない。

J子さんは、「お母さんがかわいそう」と思い、懸命に母親を助けてきたつもりだった。けれども、母親は案外、父親に殴られても、「男なんてこんなものだ」くらいにしか思っていなかったのかもしれない。「早く楽をさせてあげたい」と思っていたけれど、そんな必要はなかったのではないか。自分が幸せになりたければ、自分でなんとかしていけばいいのだから。

自分の幸せを追求する

K子さんも同じです。「お母さんがかわいそう」と思うヒマがあったら、自分のほうがかわいそうだと思ったほうがいい。母親によって麻布に置き去りにされて、過食するためのお金を別の患者さんの財布から盗んでいる。そのほうがよっぽどみじめです。母親を助ける前に、自分で自分を助けてあげたほうがいい。

「お母さんもいろいろあってかわいそうだったけど、でもそれはお母さんの人生だよね。私には私の人生があるのだから、まず自分の幸せを考えなくては」と割り切れれば、病気になどならないのです。

ところが、母親と自分が一体化しているので、母親の幸せが私の幸せになってきます。両親が幸せになってくれないと、自分も幸せになれない。どこかに「両親の関係を修復しよう」という考えがあって、だからこそ病気になるのです。

K子さん自身も、あまり自分のことをかまってくれない夫と結婚しています。両親の関係になど関わらず、自分の夫婦関係を修復すればいいのですが、自分の中の「母親」と「私」が分かちがたくなっているので、どちらか片方だけ修復しようとしてもうまくいきません。わざわざ家族のことなどかえりみない男性を選んで、自分のみじめさを温存し、子どもに同情される「かわいそうな母親」への道をまっすぐ歩んでいたわけです。

もしも自分を大事にしてくれ、「キミの好きなことをやっていいよ」などという男性と結婚してしまったら、「お母さんがかわいそう」一家の道と違ってしまいます。住み慣れた母娘カプセルの世界から出ることになりますから、不安でたまらないのです。

自分の好きなこと中心の生き方をすると、なんだかものすごくわがままで、ぜいたくしているような罪悪感にかられ、自分を責めたくなってしまう。まず、両親が仲良くなって、母親が不幸でなくなってくれないと、自分の幸せを追求する気持ちになれない。そこで病気になっているのです。

この一家の場合は、「お母さんはかわいそう」の「かわいそうはずし」をしていくことが母娘のカプセルはずしであり、治療につながっていきます。

私の中の「私」、私の中の「母」を分けていくことが、親の生き方にとらわれず、自分自身の人生を形づくる能力につながるのです。

第3章

「インナーマザー」と「親教」

「内なる母」に支配された心

オウム真理教の事件が話題になったとき、「マインドコントロール」という言葉が流《は》行《や》りました。

オウム真理教の信者たちは、自分で考える自由を失い、オウムの教義（ドグマ）に心を支配され、乗っ取られた状態にいました。信者でない人たちにとってみれば、なぜあのような教義を信じ、殺人まで犯すことをなんとも思わないでいたのか不思議に思います。

けれども私たちは、自分の心は完全に自由で、何ものにもコントロールされていないといいきれるでしょうか。第２章で見てきたように、自分の意志で結婚相手を選び、自分の意志で仕事を選んだように思っていても、案外、自分の心の中の何ものかに支配されていることもあるのです。

私たちは、生まれて以来、周囲からいろいろなことを吸収して成長していきます。

「ああいう考え方もある、こういう考え方もある」

「こういう道をとることもできる、こちらのやり方でもよい」

と、さまざまな選択肢の中から自分が選んだのならそれでよいのです。自分の中で信じる教義があっても、状況に応じてはそれを壊してみたり、逃れることもできる。一つの教義で行き詰まってきたら、別の教義に組み替える。そういう自由を持っていれば、「支配されている」とはいいません。

けれども、**「これしかない」「こうするしかない」という一つの教義にとらわれているなら、「マインドコントロール」されているといえます。**自分にとって都合の悪い状況や危険なことになっても、まだそれにこだわり、その考えから逃れられません。そんな状況からは脱してしまったほうがずっと楽なのに、固執し続けることによって息苦しい人生を続けてしまう。

これは、心の中にいる母親、「インナーマザー」(内なる母)に支配されている状態なのです。

「世間様」と「親教」

インナーマザーは、実際の母親とは少し違います。

親そのものというより「世間様」といってよいかもしれません。というのは、母親も父親も、「自分の」考えで子どもを教育する前に、「世間様」にひれ伏している場合が多いからです。自分の本音では「そのくらいいいんじゃないか」と思っても、「世間様」に後ろ指をさされないよう、「世間様」に恥ずかしくないよう、「そんなことをするとご近所に笑われるから、してはいけません」としつける。「良い母親」をやっているわけですが、子どもも親の意向を汲み取り、「世間様」を取り入れるようになります。親が考えるであろう恐れや不安を、子どもは自分の恐れや不安として取り入れるようになるのです。

こうして親と同様、「世間様」にひれ伏す子どもができあがります。彼らにとって「世間様」は教祖なのです。教祖に従うよう親が子どもを躾という名目で支配してしまいます。これを私は「親教」と呼んでいます。

親との関係をこの観点から見ていきましょう。あなたも気がつかないうちに、「親教」のマインドコントロールを受けているかもしれません。

世間並みということが最優先

「親教」の唱える教義には、たとえば、

「人様に迷惑をかけてはいけません」

「世間並みから落ちこぼれないようにしなさい」

「悪いことをしてはいけません」

「働かざる者、食うべからず」

などがあります。「世間並み」ということが大切なので、年齢が重視されます。「その歳でー」というような考え方です。

主義主張には「イズム」がつきます。キリスト教はクリスチャニズム、共産主義はコミュニズムといいますが、世界中の子どもは、まず親にひき込まれてペアレンティズム（親教）の信者となります。

子どもにとって親は神様です。親教の信者にならなければ、その家庭では生きていけません。

けれども、成長すれば親の考えとは違うところも出てきます。別の考えも取り入れて、自然に自分の考えを形づくり、親の世界から脱け出して一人の大人となっていきます。ところが、いつまでもこのマインドコントロールから脱けられない場合があるのです。

宗教は、その教義に固いルールや禁止があったり、秘密主義、階層制などがあればあるほど、マインドコントロールの効果が高まります。家庭も、家庭内に秘密や強いルールがあり、親と子の支配関係がはっきりしているほど、子どもは親教の支配を強く受け、なかなかマインドコントロールを解くことができなくなります。

親教の信者たちは、大人になっても、「おまえはいたらない人間なんだから、もっとがんばれ」という声が、いつも心の中から聞こえてきます。そこで、その「親の声」にしたがって必死に努力します。世間並みからはずれまいとがんばったり、逆に世間並みに反抗して逆らったりしながら、「その歳になって、まだそんなことをしているのか」という内なる親の声に怯えて、罪悪感を抱いたりしています。

自分が快適であればそれでいい、これが自分で選んだ道なのだからこの人生でいい、とふっきることが難しいのです。

ある教義を壊そうと思ったら、それと対立する教義を植え込むのが効果的です。ですから、「自立しなければいけない。いつまでもブラブラしてないで、働かなくてはいけない」と思い込んで苦しくなっている場合は、

「働かなくても、食ってよい」「親のスネは、枯れるまでしゃぶれ」

という反対の教義を植え込む。すると、「なんだ、働かなくてもいいんだ。親も元気なんだからまだスネをかじっててもいいな」と思えるようになって、罪悪感の苦しみが少しゆるみます。実際のところ、だらしない息子や娘を抱え込んでいる親は惚《ほう》けていられないので元気一杯になりますから、グータラ子どもは親孝行しているのかもしれません。

過食症・拒食症などの摂食障害を始めとして、多くの病気は、固い教義にとらわれ、その支配から逃れられず、罪悪感に苦しんでいるところから起こってきます。そのマインドコントロールを解くことが病気の治療の始まりであり、人生の行き詰まりを打開することにつながります。

親教に強く支配された家族の特徴

あなたは、生きにくさや抑うつ感、無気力などを感じていないでしょうか。友人がたくさんいても寂しさから逃れられなかったり、忙しくても退屈な自分を感じていないでしょうか。いつも同じ問題でわずらわされていたり、これからどう生きていけばいいのかイメージがわかず、行き詰まってはいないでしょうか。

そんな人は、「親教」の教義にとらわれ、支配されているのです。新興宗教に入っていようがいまいが、ふるまいや態度はよく似ています。オウム真理教の信者たちが、よくテレビに出ていた頃、私は「なんだか、私のところにきている患者さんたちとそっくりだな」と思ったものです。こういう人たちを私は「神を求める若者」と呼んでいます。

第1章で触れた健全に機能していない家族、つまり「機能不全家族」とは、この「親教」に強く支配された家族です。そこには、全体主義国家やカルトによく似たシステムがみられます。

たとえば、機能不全家族には「強固なルール」があります。「お父さんがお酒を飲んでお母さんを殴ったことは、他の人にしゃべってはいけない」というようなルールです。これは、「家族に共有されている秘密」にもつながります。

また、**家族に他人が入り込むことに抵抗します。**「風通しが悪い」のです。たくさんの人が遊びにきたり、他の家族のもとへ遊びに行く、というオープンな雰囲気ではありません。反対に家族どうしの結びつきは強く、**それぞれのプライバシーがありません。**母親が子どもの日記や手紙を平気で見たりします。

家族成員は、家族から立ち去ることが許されず、家族間でのさまざまな葛藤は、「そんなものはない」かのように無視されています。そのくせ、家族は分断され、統一性がありません。「私たちは家族だ」という一体感がないのです。**家族の中にいても「ここが私の居場所だ」という安心感がありません。**

健全な家族であれば、そこを立ち去ったり、また戻ってくることもできるのですが、機能不全家族では、息苦しさを感じながらもその場にいて、がんじがらめになっています。家族の在り方は、子どもの成長や両親の状況などによって常に変化するのが普通ですが、機能不全家族では、一定の在り方を保とうとし、変化に抵抗します。きまじめでユーモアのセンスがありません。笑ってガス抜きをすることができないのです。

こうした家族を守ろうという努力を続けるうちに、家族成員はそれぞれに一定の役割にハマり込み、それを演じ続けることになります。その役割分担は強固なもので、いったんこれにハマってしまうと、壊すことが難しくなります。

子どもが演じる六つの役割

では、その「役割」とはどんなものでしょうか。アメリカのセラピスト、クリッツバーグは、アダルト・チルドレン（AC）が家族の中で演じる役割を次のように六つに分類しています（ウェイン・クリッツバーグ『アダルトチルドレン・シンドローム』斎藤学監訳、金剛出版）。ACこそ、もっとも典型的な「親教の信者」と呼んでいいでしょう。

まず「**ヒーロー**」（**英雄**）です。成績のいい子、スポーツや音楽のできる子など、世間に高い評価を得られそうな子どもがいると、両親の注目はこの子に集中します。両親の仲の悪さが忘れられ、この子の活躍に家族が一丸となりますので、期待を背負った子どもはますますがんばってしまいます。自分ががんばっている間は、家族がバラバラにならずにすむからです。マンガ『巨人の星』の星飛雄馬《ほしひゆうま》は典型的です。飛雄馬が本当に野球を好きで、野球を楽しんでいるかどうかなどは無視され、「巨人の星になれ」という親の期待で人生を乗っ取られています。しかも酒を飲んではちゃぶ台をひっくり返す暴力的な父親にギプスまではめられ、「野球ロボット」に仕立てあげられていま す。児童虐待で通報されてもしかたのないような状況です。

この「ヒーロー」の反対の役割を担っているのが、**「スケープゴート」（犠牲《ぎせい》の山羊《やぎ》）**です。病気をしたり、問題を起こして学校に呼び出されたり、近所の人が怒鳴り込んできたりと、何かと騒ぎを起こすのはいつもこの子です。

家族たちは、「この子さえいなければうちは平和なのに」と思うのですが、じつはその逆で、この子が問題を一身に背負ってくれているおかげで、家族の崩壊が防がれているのです。この子の非行問題で家族が頭を悩ませている間、家族はバラバラにならずにすみます。そこでこの子はがんばって悪さをしているわけで、ヒーローががんばって秀でていようとするのと裏表なのです。

こうした注目を浴びる子どもたちの陰に、**「ロスト・ワン」（いない子）**と呼ばれる役割の子どもがいます。目立たず、静かで、忘れ去られているような子どもです。極端な例としては、食事どきにいなくても途中まで気づかれず、「あら、あの子がいなかったわ。どうしたかしら」といわれるような、いるのかいないのかわからない存在感の薄い子です。この子は、家族内の人間関係から距離をとって離れることで、心が傷つくのを防いでいるのです。

「プラケーター」（慰《なぐさ》め役の子）と呼ばれる子どももいます。いつも暗い顔をしてため息をついている母親などの愚痴を聞いては、慰める役の子どもです。小さなカウンセラーとなって家族や母親にやさしく声をかけてきます。

慰め役に似ていますが、**「クラン」（道化《どうけ》役の子）**というピエロ役の子もいます。両親の口げんかなどが始まって家族の中の緊張が高まったとき、突然、とんちんかんな質問をしたり、歌い出したり踊り出したりする子です。おどけたフリで緊張した空気を和らげようとしているのです。

家族のペットのような存在で、本人も楽しんでいるように見えますが、ピエロの仮面の下はとても寂しいものです。道化を演じることでしか生きられないのです。

「イネイブラー」（支え役の子）という働き者の子もいます。長男や長女がこの役になることが多く「偽親《にせおや》」とも呼ばれます。女の子なら、頼りない母親に代わって家事をしたり、妹や弟の面倒をみたり、こまごまと世話焼きをします。男の子なら、だらしない父親に代わり、母親を守ろうとがんばります。

この役は、異性の親と、まるで夫婦のような関係ができやすい。「情緒的近親姦」と呼ばれるもので、とくに男親と女の子の場合、実際の近親姦も起こりやすいのです。

親教信者の特徴

他にも、典型的な役割を演じている子どもはいるでしょう。あなたも「自分はこの役割にそっくりだ」と思ったものはなかったでしょうか。

あるときはテストでいい点をとってきてほめられ、あるときはちょっとした問題で先生に呼び出され、あるときは母親を慰めたり、おどけ役になったりしている、というのなら問題ありません。**一つの固定した役割にハマって、それ以外の自分が出せなくなっている場合に問題が起きてくる**のです。

「本当の自分」は状況に応じて常に変化するものなので、変化しない一定の自分しか表現できないと、息苦しくなり、窒息感を抱きやすい。「演じている自分」は、自発的な感情から生まれるものではなく、父親の顔色をうかがい、母親のご機嫌をうかがってふるまっているものです。こうした役割を演じ続ければ、生き生きした感情を表現することもできず、自分が本当は何をやりたいのかさえわからなくなって当然です。

親の欲望を自分の欲望と勘違いしたまま生きているのですが、どこかウソ臭く、違和感が拭《ぬぐ》いきれません。けれども、家族はそれぞれの固い役割をとることでバランスができあがっているので、誰か一人が「いち脱～けた」とその役割から降りてしまうと、ガタガタと崩れてしまいます。そこで、お互いに縛り合い、脱ける者がいないように目を凝らして見張り合っているわけです。

また、こうした家族で育ち、一定の役割（偽りの自己）を演じることを身につけてしまった人たちは、その家族から脱けては生きにくい。「本当の自分」がわからなくなっているので、一人でいると何をしていいのかわかりません。子どもの頃から、常に「親の望む自分」を演じてきましたから、常に自分に何かの役割を期待してくれる人がそばにいてくれ、「相手の望む自分を演じる」という仕事がないと、寂しく、不安でたまらないのです。

「ああしなさい」「こうすべきだ」という親の声がなくなって、さあ自分のしたいことをしてもいいのだという状況になっても、本当の自分の声など聞こえてきません。自分の中に取り込まれたインナーマザーが、自分自身に「ああしなければ」「これではダメだ」と命令するばかりです。

心の中に鳴り響く親教の教義に従って必死に生きてはいるのですが、自分自身の中身がなく、本当の自分はとても空虚です。その空虚さを埋める相手を急いで見つけ、自分が育ってきたのと同じような安心できる機能不全家庭を、新たにつくりあげるわけです。

〈特徴1〉行動が周囲の期待に縛られる

「親教」にハマり、「インナーマザー」に蝕《むしば》まれた人がどのような感情を持っているか、その特徴を述べてみましょう。

まず、親教の信者たちは、自分自身が「こうしたい」と思う行動ではなく、周囲が自分に期待しているようにふるまおうとします。

「良い子にしていなければ、うちの子じゃありませんよ」

「人並みにしないと社会から落ちこぼれて、生きていけませんよ」

という親教の教義に従って、世間の期待する「良い子」の自分を演じます。良い子であろうとする以外の自分を出せないので、息苦しく、行動が制限される束縛感を常に抱いています。「世間」の期待といっても、本人が「こう期待されている」と心の中で思い込んでいる「インナー世間様の期待」です。**現実の本当の周囲の期待とはズレている場合も多い**のです。

親教にハマっていない人とつき合うときには、親教の教義が通用しません。相手に対する必死の努力は空回りしてしまいます。

相手が期待する自分を演じなければ見捨てられると思うので、相手がどんなサービスをすれば喜ぶかを読みとろうとするのですが、親教に支配されていない人は、相手に「ああしろ、こうしろ」という強い要求がない。そこでハタと困ってしまうのです。「あなたはあなたで好きなようにしててくれればいい」などといわれると、もうどうしていいかわからず、「この人は自分を必要としていないのではないか」と不安になる。自分が他人にどう思われているか、他人の評価をとても気にしますし、**評価されないと傷つきやすい**のです。

彼らの行動は、自分自身の欲望や好き嫌いの感情、倫理観にもとづいたものではなく、世間が「いい」といえば「いい」し、周りの雰囲気を見て「おもしろくなさそう」なら「おもしろくないだろう」というものです。

その結果、何が正当かという確信が持てず、いつも「これでいいのだろうか」という漠然とした不安を抱えています。見逃されているうちは「これでもいいのだ」と思うのですが、「それではダメだ」といわれるのが怖くてビクビクしています。何がよくて何が悪いのか、自分はどうしたいのか、どうしたくないのか、自分で決められないのです。

また、親ならこういうだろう、**周囲はこう思っているのではないかという恐れと不安を自分の中に取り込んでいるので、自分で自分を責めます。非常にまじめで、心の中では情け容赦ないほどの自己批判をしています。**けれども、その情け容赦のない批判は他人にも向けられています。いってみれば、自分にも他人にも厳しいのです。

〈特徴2〉適正な自己評価ができない

親教に蝕まれている人は、「自尊心」を奪われています。自分の考えることや判断は、いつもインナーマザーに「ダメだ」といわれているので、「自己評価」がとても低い。どんなに美人でも、「こんな顔では愛されない」と心底信じている人もいます。

もともと**他人の評価が基準になっているので、自分の評価はアテにならず、自分が信用できない**のです。

けれども、他人の評価をすべて取り入れていたら、とてつもない完璧主義におちいることになります。すべての人に「すばらしい」とほめられることなどありえません。どんなに完璧にやっても、「ちょっとあそこがまずい」「もう少しこうしたらよかったのに」ということになります。自分が現実にできることには限界があるのですから、達成したことを自分できちんとほめてあげればいいのですが、それができません。

何をやっても厳しい「世間様」の批判の声が聞こえてくるので、彼らは何もできなくなります。**すべて完璧にできないなら、やらないほうがマシだと考えてしまう。**他人に少し批評されただけで、ひどく非難されたように感じてしまう。やればやるほど自己評価が下がる。何かをするのが怖くなる。やらなければこれ以上、自分は傷つかない。結局、何かに挑戦することを最初からあきらめ、あるいは途中で放棄してしまいます。

突然仕事を辞めてしまったり、何日も家に閉じこもったり、他人から見たら理解できない行動をとる人がいますが、その裏にあるのは、親教のマインドコントロールなのです。**常に内心の批判の声に怯えているので、他人のちょっとした言葉がきっかけになって、極端な行動を起こしてしまいます。**自殺を図ったり、普段はおとなしそうな人が、突発的に暴力事件を起こすこともあります。

逆に、非常に尊大で威張っていて、誇大妄想を持つ人もいます。これもじつは、健全な自己評価のなさ、健全な自信のなさに由来します。

彼らは、自分の中の「親」とセットになった「幼児」です。幼児はナルシシスティックで、自分の限界を知らず、自分にはなんでも可能で、すべてが自分の思いどおりにいくものだと信じています。ほとんどの人は成長するにつれ、近所のガキ大将にケンカで負けたり、成績で評価されたり、女の子にふられたりして、適度な挫折を経験しながら、現実の自分が万能ではないことを学習していきます。そんな自分でも十分生きていけるし、そんな自分でも十分愛されることがわかっていくのです。

ところが親教の信者は、まだ自己愛にひたった幼児のままでありたい人たちです。大人としての自分が、そうたいしたことはないとは認めたくありません。他人に、たいしたことのない自分を知られてしまうのが怖いので、必要以上に自分を高く見せようと高慢にふるまいます。

「オレは、他のやつらとは違うんだ」と周囲の人間を無知、無能とバカにし、罵《ののし》ります。こうして、彼の周りにいてくれる人を選別しているのです。彼の罵りを支持してくれ、「あなたはすばらしい」といってくれる人とだけつき合いたい。そうでなければ不安なのです。自分が世界の中心にいないと不機嫌になってしまう幼児と同じです。

ある程度以上の実力や能力がある人は、社会でもこれで通用する場合がありますが、社会で通用しないと知っている人は、会社では周囲に媚《こ》びて、異性関係や家庭で高慢にふるまうこともあります。社会で傷ついた自尊心を、自分より弱そうな女性や子どもに威張ることで取り戻そうとしている男性はけっこう多いのではないでしょうか。

女性のほうも、「女は男をたてるもの」という世間の期待を取り入れて、こんなガキのような男性に、「お父さまはご立派で」などといっては、そのナルシシズムにエサを与えてあげていることが多いでしょう。

このような傲慢さを身につけてしまった人にとっては、**他人に頭を下げたり、謝罪したり、助言を求めるのは至難の業《わざ》なので、自分の態度によって困った事態におちいっても、頑固にこの傲慢さを捨てようとしません。**捨てられないのです。

〈特徴3〉適切なノーがいえない

親教の信者は、ノーをいうのが大変苦手です。ヘタです。自分が拒否したら相手にも拒否される、一度でもノーをいってしまったら、もう見捨てられるような気がするのです。ノーがいえないために、ウソにウソを重ねることもあります。行動にも一貫性がありません。

きっぱりノーをいえずに他人のいいなりになっているうちに、思わぬ事件や犯罪に巻き込まれがちです。はっきりせず曖昧《あいまい》で、あとから「そんなつもりはなかった」などといって無責任です。また、我慢に我慢を重ねて、大爆発を起こすこともあります。

イヤなことをイヤといい、してもらいたいと思うことをきちんと伝えられないとなれば、結局、人間関係が面倒になってきますので、ひき込もらざるをえなくなる。

彼らの人間関係は、決して親密ではありません。いつもどちらが上でどちらが下かをはかっています。本当の自分が出せず、適度な要求を伝えることもできませんから、人とつき合っていても、その間には高く厚い壁があり、孤独です。実際にひき込もる人もいますし、表面上は社交的でも、心は孤独のカプセルに入っている人もいます。

そうやって**自分から他人を遠ざけ、「オレは他人とは違う」といって孤立しながら、寂しがります。**寂しいのなら、心の敷居を低くしてありのままの自分で他人とふれ合えばいいのですが、それができません。弱みを見せたらバカにされると思うのです。

対等な関係であれば、弱みを見せ合っても平気なのですが、親教の信者は、相手が「下」で自分が「上」だと思えば、相手をバカにし、いじめて喜ぶ。**常に屈辱感を感じているので、自分の屈辱感を晴らす機会をうかがっている。**そういう世界観の中で生きていますから、自分も弱みを見せればやられると思い、固い殻でよろっているのです。

また、**自分が適正にノーがいえない結果、相手のノーも適正に読みとれなくなっています。**拒否されたわけでもないのに「拒否された」と過剰反応したり、逆に、きちんとノーをいわれているのに認めたくなくて、結局相手から手ひどい「ノー」を引き出してしまうこともあります。お互いが気持ちよくつき合える適度な距離をはかり合って、親密な関係をつくっていくことができないのです。

〈特徴4〉嫉妬深く、相手を束縛する

ガードが高く防衛心が強く、その結果とても寂しい彼らは、孤独から逃れるために、自分をおびやかさない相手を見つけると、その相手にしがみつきます。それは自分より弱い人であったり、自分に頼ってきたり、自分の世話を必要とする人です。そういう相手を、自分から離れられなくなるようにコントロールしていきます。

相手にベタベタとまとわりつき、サービスしたり、世話をしたりつくしたりして、一見「親密な」関係をつくろうとします。けれども、それは本当の親密さや本当の愛情ではなく、自分のそばから離れないペットに仕立てあげようという「支配欲」なのです。

親が子どもを、本当の愛情ではなく、ペットやお人形として支配しようとするところから「親教」のマインドコントロールは始まります。「おまえのためを思って」という言葉で子どもの心に侵入する。この教義に乗っ取られた人たちは、そのような関係が「愛情」だという信念のもとに自らも育ってきていますから、「あなたが好きだから」「キミのためを思って」という言葉で相手を支配しコントロールし束縛します。宗教の

信者が、自分の信じる幸せになる壺だの印鑑だのを相手に勧めるのと同じです。

本人はそれが本当にすばらしいと信じ、それを買うことが相手の幸せにつながると信じているのですが、勧められているほうは困ります。自分の信じる教義だけが正しいという狭い世界観ですから、相手には相手の幸せがあることがわかりません。

けれども支配しコントロールするほうは、それが愛だと思っています。支配されるほうもそれを愛情だと勘違いするところから、次の支配が繰り返されます。それは愛情ではなかったと認めるところから、親教のマインドコントロールを解く作業が始まるのです。

支配欲は嫉妬を生みます。親教に心を乗っ取られた人たちは、たいへん嫉妬深い人たちです。そして、嫉妬の深さを愛情の大きさと誤解している。確かに、愛情には嫉妬がともないます。人間の愛情関係は、母親との関係から始まります。赤ちゃんには、母親の愛を独占したい、母親のおっぱいを独占したいという気持ちがあって当然です。自分が生き残っていくために必要だからです。

けれども、いつまでも母親と赤ちゃんのような愛情関係しか持てないでいると、大人の人間関係は長続きしません。**親教の信者たちは嫉妬心、ねたみ、ひがみが強いので、男女間の混乱が多く、仕事上の人間関係でも軋轢《あつれき》が起こりやすい**のが特徴です。

阿部定《さだ》事件として有名な女性、阿部定は、不倫関係にあった恋人が妻のもとに帰ることに嫉妬して、彼を永遠に自分だけのものにしておくために殺害し、性器を切りとります。支配欲が殺人にまで発展してしまった。そのような嫉妬心と独占欲を本当の愛情といえるでしょうか。

相手がいつも自分のコントロール下にいないと不安だという人は、結局、その嫉妬心と束縛で、生き生きした相手の感情を殺してしまいます。

豊かで親密なコミュニケーションが持てれば、確かな心のふれ合いや交流を感じられますから、相手がいつもそばにいなくても、「自分のもの」にしなくても、その関係を楽しめます。けれども親教の信者にはそれができないので、相手が離れていこうとしたり、少しでも自分のほうを向いていなかったりすると、しがみついてしまいます。

人間は、束縛されなくても、一緒にいて楽しければ、「またこの人と会って過ごしたい」と思うものです。反対に、相手の支配欲を感じると息苦しく、一緒にいても伸び伸びと楽しめません。まともな神経の持ち主であれば逃げ出したくなるでしょう。

親教の信者には、束縛し合わなくても一緒にいられるということがわかりません。嫉妬深いがゆえに相手に敬遠され、そこでますます好きな相手に逃げられないように束縛しようとする、という悪循環におちいります。

〈特徴5〉被害妄想におちいりやすい

親教の信者は自己評価が低いので、他人によい評価をされていると思えません。威張っていても孤高のふりをしていても、内心は常にビクビクしています。

「あの人は私のことを軽蔑している」

「きっと私のいないところでみんなで悪口をいっているに違いない」

「あんなことをいっているけれど本心はこうなのだろう」

と、わざわざ他人に悪意があると考えてしまいます。

相手には全くそんなつもりがないのに、「あの人にこう非難された」と勝手に思い込んで人間関係をこじらせることもあります。自己評価が低いために、他人の気持ちの読みとり方も歪んでしまい、彼らのコミュニケーションはどうしてもすれ違います。そしてひがむのですが、あまりひがみっぽいと、周囲もだんだん本当にその人がイヤになってくるものです。

たとえば、ふた言めには、「どうせオレはバカだから」「どうせ私はブスだから」といっている人のそばにいると、だんだん「バカ」「ブス」という言葉が注目されてきます。最初はその人のことをバカともブスとも思っていなかったのに、そもそも「バカ」

「ブス」という区別などどうでもよかった人でも、しょっちゅうそう聞いていると、相手のこだわりに合わせたこだわりが生まれてきます。

「この人は、自分がブスだと劣等感を持っているようだから、気をつけなくては——」

そう思うようになった時点ですでに、「美人」「ブス」という二元論の世界観に、周囲も巻き込まれているのです。

親教の信者は、そうやって**自分自身を二元論の「いいか悪いか」で評価**してギュウギュウとしめあげ、そのためにわざわざ生きにくく、苦しくしてしまっています。ところが、自分が困っている世界観をあえて周囲に広めてしまい、それがまた結局、自分にはね返ってきます。

なんとなくつき合いにくいと敬遠されるようになると、「ほらやっぱりオレは嫌われている」「やっぱり私はブスだから好かれないのだ」とそこで奇妙な安心感にふけり、さらに自己評価を下げてしまう。悪循環なのです。

親教の信者は、**誰も責めていなくとも、自分で自分を責める人**です。自分の中のインナーマザーが、いつも自分を責めています。自分を責める人は、結局、人に責められる結果を招きます。かつてのトラウマと同じようなトラウマを呼び込みやすく何度も同じようなイヤな目にあっては、自分の間違った信念を確認し、ますます親教の教義に凝り固まっていくのです。

〈特徴6〉自分の感情がわからない

機能不全家庭に育った人たちは、自分の感情をいちいち感じたり表現していては生き残れなかったため、感情を封印することで家族に〝適応〟しようとしてきました。感情というのは自然にわいてくるものなのですが、それさえ、「こう感じるのが正しい」「こんなことを感じてはいけない」「こう感じるべきだ」という親の教義に乗っ取られてきたのです。

「そんなこと、なんでもないことでしょ」
「おとなしく良い子にしていなさい」
「男の子なんだから、泣いちゃいけません」
「お姉さんなんだから我慢しなさい」
「あなたたちは恵まれているのだから、ありがたいと思いなさい」

誰でも多少はこんなことを親にいわれて育っているでしょう。怒るのも泣くのも嫉妬するのも自然なことなのですが、これらの感情の禁止が強ければ強いほど、そうした感情を抱いたとき、罪悪感が生まれます。

「いい歳をしてメソメソ泣くのは恥ずかしい」

「男のくせに嫉妬するのはみっともない」

「クヨクヨ落ち込むのは暗いやつだ」

「怒ったら相手に嫌われる」

と、そのような感情を押し殺そうと努力します。

親教のマインドコントロールが強ければ強いほど、自分が何を感じているのか、何を感じる「べき」なのかわからなくなり、自分の感じたとおりに表現することもできません。自分の感情が相手にわかってしまうのを恐れる人もいます。

彼らの多くは表情が乏しく、能面をつけたような感じであったり、目に生気がなく視線が泳いでいるような感じの人もいます。笑顔を見せていても、生き生きした笑顔ではなく、張りついたような笑顔だったりする。

自分の自然な感情がよくわからないのですから、感情も演じることになります。楽しくもないのにほがらかにふるまってみたり、怒っているのに「いいよ、いいよ」と気にしていないふりをしたりします。まず自分に対してウソをついているのですから、不誠実でウソつきです。**他人が自分をどう思っているかということが常に気になっていますから、人づき合いがとても疲れます。**

本当の楽しみを見出すことがなかなかできず、何をしても「義務」のように感じます。遊んでいると罪悪感を感じるので、遊び心がわいてきません。となると、一人で部屋にこもっているのが一番楽だということになるのですが、そうすることでさらに寂しさをつのらせます。

〈特徴7〉寂しがり屋で、愛されたがり屋

「こうでなければならない」「こうあるべきだ」という親教の声に従って不断の努力を続けている信者たちは、自分が愛する対象さえ、「世間様」の声に支配されています。たとえば、女性が「学歴が高くて高収入で身長の高い」男性を結婚相手に選ぼうとするのは、そのような夫を持てば世間や親や友人に鼻が高いからでしょう。彼女にするならスタイルのいい美人がいいという男性も、自己評価が低いので、連れて歩いて世間に自慢できる自分を飾るアクセサリーを求めてしまうからだと思えます。

自己評価が高く、自分というものの価値に自信があって、自然な感情があれば、必ずしも美人や三高にほれるとは限りません。

けれども彼らは、世間様評価を基準に恋人選びをしていますから、自分自身も同じように評価されていると感じ、怯えます。

「美人でなければ愛されない」

「こんなに太っていてはダメだ」

「もっと努力しなければ」

実際には、何もできなくても美人でなくても、愛される人はちゃんと愛される。どんなにハンサムでもエリートでも、とても愛する気になれない人はいます。

まずは、「自分で自分のことを愛しているかどうか」が問題なのです。自分のことをきちんと愛せている人は、他人のことを愛せますし、他人にも愛されるものです。自分で自分のことを愛せない人は、他人を愛せませんし、愛されない結果になりがちです。

親教の信者は、**自分で自分の評価を高めることができず、自分の評価を高めるために他人に頼ります。**たとえば美人を連れて歩いて、「すごい美人を彼女にした」という男の能力を評価されたい。「たくさんの女をモノにした」というのも、男性信者が頼りがちな評価です。トンボ釣りと同じで、珍しいきれいなトンボを釣ったとか、こんなにたくさん釣ったと男同士の間で自慢し合っています。

私はよく、男性の患者さんに自慢げにスケジュール帳を見せられます。月曜日は誰それ、火曜日は誰それと、女性とのデートの予定がたくさん書いてあるのです。そういう男が男として偉いという誤った教義に染まっていて、たくさんの女性とセックスすれば、たくさんの女性に愛されたような気になれるのかもしれません。

しかし、そんなことをやっていても、相手の女性も「どうも自分はトンボ扱いだ」と感じますから、本当のコミュニケーションはなかなか生まれず、やはり寂しい。愛されたい、愛されたいと願ってますますあちこちの女性に手を出すことになります。女性にも、こういうパターンを繰り返す人がたくさんいます。

彼らは、恋愛に依存して寂しさを一時的にまぎらわせるのですが、関係が長続きしないため、「もっとがんばっていい男にならなくては」と無理を続けます。本当はそのままで十分なのですが、他人からの肯定の声が聞き取れない彼らは、無理をしながら「もうこのへんでいいといってくれ」と悲鳴をあげているような状態です。

彼らは非常にほめられたがり屋で、愛されたがり屋です。かつて母親との間で完結していたはずの、けれども完結していなかった、完璧で永遠の「理想の愛」を求めてさまよっているのです。他人からの愛の声を受け入れられない彼らは、ささいな声も非難と感じ、失望し、いつまでも寂しい。思いどおりに愛してくれない相手を怒ったり恨んだりします。

恋愛遍歴を重ねる人は、相手に愛を求める気持ちと、こんな自分が愛されるはずは

ないという気持ちと、自分を愛してくれない相手に復讐したい気持ちを同時に抱えているので、心の中は非常に複雑です。意地悪なことをしながら、それでも愛されたいという矛盾を抱えているわけです。愛情に対して疑心暗鬼ですから、

「さぁどうだ、これでも私のことを愛してくれるか？」

と無茶なテストを繰り返してしまう。そんなことをしていれば相手だってイヤになりますから、結局、自分から愛情関係を壊すことになり、また遍歴します。

自分が求めている相手を殴ったりするなど、暴力に出ることもあります。

「このままのオレを愛してくれ」「もっと私のほうを向いて、本当のコミュニケーションをしてよ」というメッセージなのですが、メッセージの伝え方が歪んでいるため、相手にはわからないのです。

また、こうした怒りを発散できない場合、抑うつ感、無気力、寂しさ、退屈感などとして表現されます。喘息《ぜんそく》や過敏性大腸炎などの心身症になることもあります。緊張すると下痢になる病気です。また、過食・拒食症、薬物依存、ギャンブル依存、ワーカホリックなどの嗜癖の形でも表れます。

〈特徴8〉自己懲罰的

親教の信者は、インナーマザーの声に従って生きようとします。しかし、遅かれ早かれ行き詰まり、そうできないときがやってきます。第2章で述べたように、親の声に反発し、その教義から逃れようと必死に逆のことをしている信者もいます。

親の期待や世間の評価からはずれても、自分で「それでいい」「これが私の選んだ人生だ」と思えれば、親教のマインドコントロールから自由になったといえます。

ところが、**マインドコントロールが解けないままの信者は、教義からはずれると、自分で自分を罰します。**たとえば、窃盗癖です。万引きを繰り返す少年や少女たちには、盗みを見つかって処罰を受けたいという気持ちが心の底に潜んでいます。ものが欲しいから盗んでいるのではなく、罰を受けたいから盗んでいる。そこで、捕まるまで盗み続けます。もっとも本人がそう意識してやっているわけではなく、行動の裏にそうしたメッセージが隠されているということです。

また手首切りなど、実際に自分の体を傷つける場合もあります。アルコールやドラッグなどにハマるのも、抑うつ、無気力、死にたいというつぶやきもみな、「自己処罰」の感覚です。彼らは、自分で希望していた結婚や就職を達成した後に、「達成後の抑うつ」と呼ばれるひどい抑うつと無気力におちいるという特徴もあります。結婚や就職が親の望まないものであれば、自分を罰さなければならないからです。

また、親教の信者たちは、親を喜ばせようとしながらも、親を超えないように気をつけています。親を超えてしまうと親の嫉妬をかう。親を超えるようなことをした場合も、申し訳ないことをしてしまったと思い悩み、うつ状態におちいります。

自分の心の中に、加害者である親を取り込んでいるために、いつも自分で自分をいじめてしまう。家庭内暴力がエスカレートする原因の一つはこれです。親の期待からはずれたことをやればやるほど、自分を罰したい気持ちも強くなり、絶望の極まるところで「なぜ生んだ」「育て方が悪い」などの家庭内暴力を起こす子にお決まりのセリフが飛び出します。この言葉に動揺する親たちの表情やふるまいがさらに罪悪感を刺激し、家庭内暴力はエスカレートします。

あなたも「自分いじめ」をやっていないでしょうか。困った癖だと思いながらやめられないでいることがないでしょうか。こんなことをいえば人に嫌われる、こんなことをすれば人とうまくいかないのだとわかっていながらもついやってしまう、ということはないでしょうか。同じようなミスを繰り返し、「なぜいつもこうなってしまうのだろう」と不思議に思うことはないでしょうか。

自分に不利益なことをやってしまう。自分をいじめる人を恋人に選んでしまう。わざわざ不幸になりそうな道を歩んでしまう。愛されていることが信じられず、幸せな生活に安心できず、自らそれを壊してしまう。

誰も不幸になることを望んではいません。自分をいじめることが楽しくもありません。けれどもそれをあえてやってしまうのは、「自分いじめ」の傾向があるから、親教のマインドコントロールが強いからです。心を蝕んでいるインナーマザーのメッセージなのです。「私は人に嫌われたいのだろうか」「私はわざわざ失敗したいのだろうか」。行動する前にいったん立ち止まり、そう考えてみることもときには必要です。

不幸続きの家族というのがありますが、それは決して変えられない「運命」ではありません。不幸にも「どうしてそうなったか」という原因があり、それに気づいて、少しずつでも「不幸はずし」をすることは可能なのです。

親教の信者たちは、このマインドコントロールを解くことに非常に抵抗します。はたから見ていると、なぜそんな自分いじめをするのか、そんな宗教はやめてしまったほうがよほど楽ではないかと思えます。けれども彼らにしてみれば、救いを求めて入信した宗教ですから、そこから離れたら生きていけなくなるように思い、怖くて手放せないのです。他人が「こうしたらいいんじゃない？」と勧めても、自分の苦しいやり方にこだわり、頑固に変えようとしません。**他人のいうことを聞いてしまえば、自分の境界に侵入され、自分のすべてを乗っ取られてしまう恐怖を感じます。**

この「変化を嫌う」特徴は、いろいろな場面に表れます。家族などどんどん変化していくし、消滅することもあって当然なのに、「家を継ぐ」とか「名を残す」ということに、不都合なほどこだわる人もいます。保守的でかたくなです。

〈特徴9〉離人感がある

寂しさや退屈をそのままに放置しておくと、離人感につながります。離人感とは、

「自分が自分でないような感じ」
「自分がなぜここにいるのかわからなくなった感じ」
「自分と外界とが薄い膜に隔《へだ》てられているような感じ」
「自分の身体やその一部が自分のものでないような感じ」
「自分の行為を自分でしている実感がなく、それを漫然と見ているもう　人の自分がいるような感じ」

といった感覚です。医者に相談すると、「うつ病」や「統合失調症」の初期症状と診断されたりすることもありますが、これは解離性障害にともなう感覚の一部です。

解離というのは、自分では処理しきれないような圧倒的な体験から自己を守るための心理的防衛手段です。家族の中で大きな心の傷を受けた人は、「その頃のことが全く思い出せない」という部分（これを健忘といいます）を抱えていることが多いのです。肉体的・精神的暴力、性的虐待など、「頭が真っ白」になるようなショック体験は、思い出すことに苦痛と恐怖がともなうために、意識に残らなくなってしまうことがあります。これを解離性健忘といいます。

解離性障害やその一端である離人症、離人感などは、こうした回想不能の体験を持つ人に多く見られます。ショックな体験は癒《いや》される必要があります。この傷が癒されれば、それは「経験」として本人の生活歴の中に組み込まれ、蓄積されていきます。ショックと癒しをとおして、一つひとつの体験を積み重ねていくことができるのです。

子ども時代のショックに立ち戻り、消去された体験の事実を確認し、それにともなう情緒を回想する作業をする。これが癒しにつながります。けれども、これらはたいへん苦しい作業です。安易に記憶を引き出すのは危険をともないますので、この作業を行うには、「安全な場」や「安全な人間関係」があることが前提となります。

〈特徴10〉親にほんのり「申し訳ない」と思っている

親がかわいそう、親が憎いなど、親に対して生々しい感情がわいてくるのは、親別れしていない証拠です。親を恐怖の的にしたり、軽蔑の対象にするのも、親のマインドコントロールが強いからこそです。

「まあ、親もこの程度だな」という見切りができれば健全で、自分の人生を左右する絶対的な存在のように思うことは異常だといえます。

「自分ががんばらないとこの家は大変だ」などと、家族の人生を自分が左右しているように思うこともありません。家族はそんなに分かちがたく密着したものではなく、適度にくっつきながらも、個人個人の人生を自分なりに生きているのが自然の姿です。

親に対しても、子どもに対しても、あまり干渉し合っていると、個人の人生にさまざまな不都合が現れてきます。家族でくっついていたときにはそれでバランスがとれていても、個人に戻ったときはそうはいかないからです。

親に対して、何かほんのり「申し訳ない」感じがする、という人も親別れしていないと思っていいでしょう。たとえば、「一緒に住んであげていない」ことを申し訳ないと感じている人もいます。「うちの親ならこういう人と結婚したら喜ぶだろう」「うちの親ならこんなものを買ったらイヤがるだろうな」と、**親ならどう思うかいちいち考えるのも、親に支配されているといえるでしょう。**

親教の矛盾とほころび

個人がどんな考えを持って生きていこうと、その人の自由です。しかし「イズム」と名のつくものは、どこかで行き詰まります。

普通に生きて、普通に成長していたら、数年前と今では考えも行動も変化するのが当たり前ですし、自分の中にもいろいろ矛盾が出てきます。後から「あれは間違っていた」「悪いことをした」と思うこともたくさんある。その変化や矛盾や自分の間違いを自覚したら、それをゆっくりと修正していけばよいのです。否認の誘惑を退けて、現実を直視する必要はあるのですが、あせったり、自分を叱りとばしたりしてはいけません。そんなことをすればあなたは、あなたの残酷な親と同じことを自分にしてしまうことになります。

まず自分にやさしく、そしてゆっくりと。これが、自己修正のコツです。

「イズム」は硬直していて、変化しないものです。それ以外の主義主張を認めず、排除します。それは、生きて、変化し続けている人間とは正反対の性質のものなのです。

親教にも矛盾があり、ほころびがあります。「世間様に迷惑をかけてはいけない」「人並みにやりなさい」といいながら、一方で「他の人に負けないように」という。自分の欲望を表に出して主張すると、世間様に迷惑をかける。だから、欲望は我慢しなさい、おとなしくしていなさい。そういいながらも、「一番になりなさい」という。自分の欲望や主張を我慢していたら一番にはなれないだろうと思いますから、そこが親教の苦しいところです。

本当のところ、親教（「世間様教」）とは、「落伍《らくご》しないように」という教義なのです。出る杭《くい》は打たれるので、世間の人たちよりも上にいきすぎてはいけない。あまり迷惑をかけないようにやりながら一番になるというのがいいのです。そして一番になっても、「みなさんのおかげでなりました。決して私個人の功績ではありません」とあくまで謙虚に、世間様にひれふすのが正しいことになっている。

なぜこうなるかといえば、親は子どもに対しては威張りたいからです。親教が主張しているのは、「私に対しては主張せず、おとなしくしていろ」「おまえはオレの子どもなのだから、オレに対しては無力で依存的な子どもでいろ」ということです。

ところが、そこで親個人の欲望が出て、「うちの子は、他の子よりはよくなければならない」と思います。そうすれば、自分が世間様に対して威張れます。親教に屈服して、世間様に迷惑をかけずに我慢して生きてきた親にとっては、それがなけなしの喜びとなります。自分が目立ちたいという欲望があるのなら、自分でそれを追求すればよかったのに、自分は「良い子」で我慢してきた。けれども個人の欲望は残っていますから、それを子どもに肩代わりさせようというわけです。これが、子どもを「自分の欲望の道具」にする始まりなのです。

それが本当に子どものためを思った行動でなかった証拠には、そういう親は、**子どもが自分を超えることには嫉妬します。**子どもには一番になってほしい、けれども自分に対しては相変わらずおとなしく従順で、「お父さん、お母さんのおかげで一番になれました」と親をたて、親を打ち負かさない子どもであってほしい。

こうした親の矛盾した期待を読みとった子どもは、なんとか親を超えないように努力します。学歴では親を超え、立派な仕事についても、アルコール依存症で問題を起こしたり、何かと親に迷惑をかけたりする。「うちの子にも困ったもので」と親が心配したり世話をしたり、子ども扱いできる要素をどこかに残して、「私は、まだちゃんとあなたの子どもでいますよ」といってあげている「良い子」なのです。

人が犠牲者になるとき

子どもというのは、犠牲者であり依存者です。「それ以外の選択がありえなかった」とき、人は犠牲者になります。たとえば大地震の犠牲者は、大地震が起こることは予測できなかったわけですから、そこにいる以外の選択肢がありませんでした。だから犠牲者なのです。いてもいなくてもよかった、避難するという選択肢もあったけれども、「大地震を体験してみたい」と思ってそれを放棄した、というのなら犠牲者とはいいません。

子どもは、親との関係では選択肢がありません。親に依存するしか生きられないからです。そういう状態からじょじょに脱していくのが、「大人になる」ということです。親に依存しなくても私は生きられます、と、犠牲者であること以外の選択肢を持てるようになれば、もう子どもではありません。依存しなくても生きていけるけれど、私は親に依存することを選ぶ、というのなら、それも犠牲者とはいえないでしょう。

子どもの頃、親との関係の中でひどい心の傷を受けた、その被害でずっと苦しんで、それ以外の生き方がとれないという人は、「子ども」をやっているのです。それではイヤだ、この関係の中で苦しむ以外の人生も私にはある、それを自分で切り開こう、となってから「大人」になるわけです。犠牲者であった頃の苦しみを、親に受けた被害を、なぜひきちんと親に伝えて返してやりたい、それが私の生きる道だというのなら、まずそれを気のすむまでやってもいいでしょう。しかし、その後には、大人の自分の欲望を知り、それに向かってしっかり生きなければなりません。

「大人になれ」「いつまでも過去にこだわるな」という世間によくある説教をしようというのではありません。大人になるということは、本来とても自由であり、選択肢が広がった状態だといっているのです。

ただ、そうした柔軟性を持って生きていくには、自分の選んだことの結果を自分で引き受ける覚悟が必要です。自分と全く違う考えを持った多様な個性の人たちを認めてつき合っていくのも、なかなか骨が折れます。そのためには健全な自尊心を持つことが必要です。親教はその健全な自尊心を奪うものなのです。

今の社会では、個々の人間を見たら非常にかたよっていたり、役割分担がはっきり決まっていますが、お互いに依存し合って「全体」でバランスがとれています。人間は、得意なこともあれば不得意なこともありますから、自分が得意な分野では自慢したくなるし、不得意な分野では相手の長所がわからずにけなしたりします。

そうして自分とは個性の違う人間どうし、お互い文句をいい合いながらも、くっついていないとバランスがとれないのです。「個人」である程度バランスをとっていくには、一つの能力だけを突出して発達させることはできません。

たとえば、家庭は母親に任せっきりで許されていたワーカホリックの父親がいて、その息子が家庭内暴力で荒れ狂う。すると、父親も仕事ばかりしていられません。今まで仕事に向けていた時間を家族の問題に振り向ける必要が出てきます。仕事の能力とは全く別の能力が要求されます。今までなおざりにしていたのですから、仕事ではどんなに有能といわれていても、家庭管理の能力では無能ぶりを思い知らされます。職業人としても、ワンランクもツーランクもダウンする。その代わり、妻と向き合い、子どもとぶつかり合うことで、情緒的コミュニケーション能力が発達します。個人としては、今までよりバランスのとれた人間になるでしょう。

このように親が変化すれば、親のかたよりを埋めるために、逆方向にかたよるしかなかった子どものバランスも回復します。親がほどほどにバランスがとれていれば、子どもも一つの役割に固定されず、いろいろな可能性の中から自分で好きな道を選んでいけるのです。

選択肢を最初から放棄する社会

この構造は日本の社会にとてもよく似ています。日本という国は国家全体が親教に染まっていて、世界諸国間の中の「子ども」として生きてきたように思います。湾岸戦争のときも、金融ビッグバンのときでも、選択肢を放棄したところから議論が始まります。外部から「こうするしかないんだよ」というルールを設定された形で、「しょうがないからこうしましょう」というやり方で進めていくことが多い。

「Aの道もある、Bのやり方もある。Aをとればこうなるだろう、Bでいけばこういう結果になるかもしれない。こうするとあそこに非難されるだろうが、非難されてもこの方法を貫くべきかどうか。それとも、ここは妥協してこっちでいくか」

こういう**選択肢を双方で共有して、話し合って決めていくのが大人の会話です。**「さてどれにしようか」というレストランのオーダーと同じことなのです。

企業は、男性たちの「母」であり「子宮」です。「母親」のいうことを聞いていれば養ってもらえますから、会社の中で「子ども」をやっているサラリーマンがほとんどでしょう。そのほうが、この社会では適応的です。自分の思いどおりにやろうと思ったら、すぐに「一〇年早い」とか「そんな立場か」などといわれてしまいます。

「私ごときが、おこがましい」といって謙虚にしているのが一番楽です。もちろん、本当に自分の能力を知って、自分の判断で上司のやり方を支持し、会社に適応することを選んでいるのならそれでいいのです。

ところが、何人もの部下を抱えたリーダー格の人までもが、もっと上の神様をつくって、「上の指示だから」というやり方で進めようとします。一番上にいっても、その人も自分の考えで決めているわけではありません。「この場合、こうするしかないだろう」という親教に従って、選択肢のない選択をしている。ですから、いざ問題が起こったときに問いつめられても、それを決めた人が誰もいません。「私がこう考えて、こう決断しました」と責任を取って答える人がいないのです。

一番になっても、「みなさんのおかげです。私の能力で偉くなったのではありません」と頭《こうべ》を垂れよ、という親教に従っているのと裏腹で、何かあっても、「みんなの総意でやったことで、決して私の責任ではございません」という無責任がまかりとおる。それが日本型リーダーです。

権威を奉っている人たちは、権威が「親」だと思っています。世間で権威とされている人たちもまた、国外に権威があって、外国の偉そうな人を奉ったりします。親を求める人たちをだまして親になるのは簡単なので、誰かを神様に奉って宗教団体をつくったりします。

親教社会が崩れるとき

この構造の中で、「こんなのはいやだ」とはっきりいう人は、「子どもだ」「わがままだ」と非難されます。「もっと大人になれよ」という言葉は、親教の教義の中では「子どもでいろ、おとなしく世間様に合わせていろ」ということです。大人になれといいながら、子どもでいることをよしとする矛盾を抱えている。こうして企業という全体の利益をまず優先して、個人の幸せを犠牲にするシステムができあがっています。

クタクタになるまで働いて、家に帰って寝るだけの生活でも、「お金持ちになるためにがんばった」と、自分自身の目標に従ってやったのであれば、満足感が得られるかもしれません。けれども、儲かるのは企業です。そんなにがんばって、家も持てないほど地価がつり上がっても、まだ必死に働いている。そうしなければ会社をクビになる、生きていけないと思うからでしょう。子どもが、この家から追い出されたら生きていけない、と懸命に危ない家庭に適応しようとするのと同じです。

親に愛されないと「自分が悪い子だからだ」と、自分を責めて努力を重ねる子どものように、出世できない自分を「どうしてこんなにオレはダメなんだ」と叱咤《しった》激励し、罵倒《ばとう》する。企業という「親」に自尊心を奪われている人は多いはずです。

「事なかれ主義」といいますが、本当にこの社会システムのまま「事なかれ」でやっていけるのか、疑問です。今まで依存し合ってやってきた家族が次々に崩壊している現状を見れば、危機感を抱いて当然ではないでしょうか。

外国の企業では、熟練労働者の仕事を途中でいったんやめさせて、育児に参加させることを始めています。スウェーデンなどは「育児の平等と、次世代の教育と幸せのため」という発想があります。けれども、こうして熟練者の労働時間を短縮すれば、当然、仕事としての能率は落ちます。そこで、日本を始めとする国や企業に価格競争で負けていく。

私はかつて、スウェーデンのある女性社会学者にこんなことをいわれました。

「男性の育児参加で、スウェーデンの企業は日本や韓国との価格競争に負け、貧しくなった。男女平等の育児という社会政策にはコストがかかるのですが、それを捻出《ねんしゅつ》できないところまで追い込まれています。経済競争は勝負だからしかたがない。けれども日本は、価格競争に勝って、それでハッピーなのか。日本の家族は、どういう方向に向かおうとしているのか。日本に理屈があって負けたのなら納得する。けれども、ただ負けて我々の社会政策が破綻《はたん》していくのは非常に残念だ」と。

私は、彼女のこの意見を無視できません。企業戦士ロボットでかためて勝負をすれば、勝つに決まっています。けれども、たとえ価格競争で外国に勝って、私たちはいったい何を得ようとしているのでしょうか。

バランスの崩れたところでは、必ず、そのバランスをとろうとする動きが生まれます。家庭のコミュニケーションがおろそかで、父親も母親もロボットをやっていれば、子どもが暴力をふるったり病気になって破綻します。そこで初めて男性は、仕事の能率が落ちても、情緒的なレベルでの充足を得る方向に動き始めます。今、個々の家庭で起こっていることは、こうした小さな改革なのです。

自尊心を奪う親教は、弱い者いじめの構造を生みます。弱者の中にためられた屈辱感は、いずれ怒りと暴力の形で発散され、強固に見えたシステムを壊します。親教がガタガタと崩れるとき、押さえつけられていた子どもたちは本当の親殺しに走ることもあるのです。そうなる前に、心の中で「親殺し」を行い、大人として生きる訓練を始めたほうが、結局みんながハッピーになれるのではないでしょうか。

日本という社会も、このままでは、自尊心を奪われた子どもたちや、屈辱感を感じている弱者や犠牲者が、生き残りのあがきで荒れ始めるのではないでしょうか。破綻していくのはスウェーデンではなく、理念のない日本のほうではないでしょうか。

次世代に、健康な自尊心を持った子どもたちを育てるために、一人ひとりが親教のマインドコントロールを解き、「ロボット」から「生き生きした自分」に戻ることが必要ではないかと思うのです。

第4章

「親教」のマインドコントロールを解く方法

親教に侵されている私を自覚する

ここまで読み進めてこられて、「私もだいぶ親教に侵《おか》されている」と思った方も多いかもしれません。私は、今の世の中で生きていて、「生きにくさも拘束感も憂うつも全く感じたことがない」という人のほうが、感覚が鈍いのではないかと思うのです。「私にもこういうところがある」と感じ、自覚・認識できる人が、「親教」から脱していく健康な自尊心を持っているといえるのではないでしょうか。

この章では、親教のマインドコントロールを解いていく方法を考えていきたいと思います。

まず、**「ジェノグラム」という家系図づくりの方法**をご紹介しましょう。自分を中心に、両親、祖父母、叔父・叔母など、三等親くらいまでの家系図を書いてみます。

それぞれの名前、生年月日、最終学歴、職業、亡くなった方は死亡年月日と死因、結婚している人は結婚した日付、離婚した人は離婚した日付なども書き込んでおくといいでしょう。そして、非常に密着した関係は、二本ないし三本線でつないでみてください（線の本数は密着の度合いを示す）。反対に、仲の悪い関係は波線でつなぎます。密着しながらケンカを繰り返している関係はのように記します（一七三頁の

【図】参照)。

こうして家系図をつくりながら、登場人物の関係について考え、その特徴を書き出してみます。家族や親戚の中には、いろいろな物語があるはずです。

ジェノグラムの中に、繰り返されているパターンはないか、注目してみてください。親の人間関係は、たいてい子どもがひきずっています。祖父母の世代から繰り返されている場合が多いでしょう。

短気で口うるさい父親と、そのパワーに怯えながらオドオドして服従している母親のいる家。母親のエネルギーが強く、父親の影が薄い家。母親と息子が非常に強い密着関係にある家。それらが繰り返されていないでしょうか。父親と母親のどちらにエネルギーがあるかというのも、ジェノグラムを見ていくときの一つのポイントです。

特定の病気や嗜癖も繰り返されがちです。

たとえば、女性が必ずアルコール依存症の男と結婚してしまう家系があります。そのような不幸からぬけ出そうと宗教に入り、そこでまたよくない関係をつくってしまう人が多い家系。また、男が生まれるとアルコール依存症になったり、ギャンブルばかりやっていたりする人が多い家系。仕事ばかりのワーカホリック、次々に短い恋愛を繰り返す恋愛依存症者が多く見られる家系もあります。

「ジェノグラム」で家系のパターンを知る

例をあげておきましょう。L男さんは地方の旧家に生まれました。家は十何代続いた商家で、長男である伯父（L男さんの父親の兄）が跡をとったのですが、若くして自殺します。子どもがなかったので、現在はL男さんの父親が家を継いでいます。

自殺した伯父の上には姉が一人いましたが、亡くなっています。こちらも自殺らしいのですが、家族内ではこのことを話すのはタブーとなっており、L男さんもはっきりとは知りません。

父親はある宗教の熱心な信者で、L男さんも子どもの頃からその宗教の教義を話して聞かされたといいます。L男さんは、この宗教に反発し、入信していません。父親との関係はあまりよくありません。L男さんは長男ということで、家の商売を継ぐことを期待されていますが、拒否しています。父親は、L男さんの妹をたいへんかわいがっており、L男さん自身は、母親に溺愛されて育ちました。

L男さんには婚約者がいるのですが、彼女の父親はアルコール依存症で、母親は数年前に自殺しています。この婚約者は、アルコール依存の父親を一人残して家を出ることができず、いまも面倒をみています。L男さんは、この婚約者以外の女性とも数

【図】 ジェノグラムの例（L男さんの家族の場合）

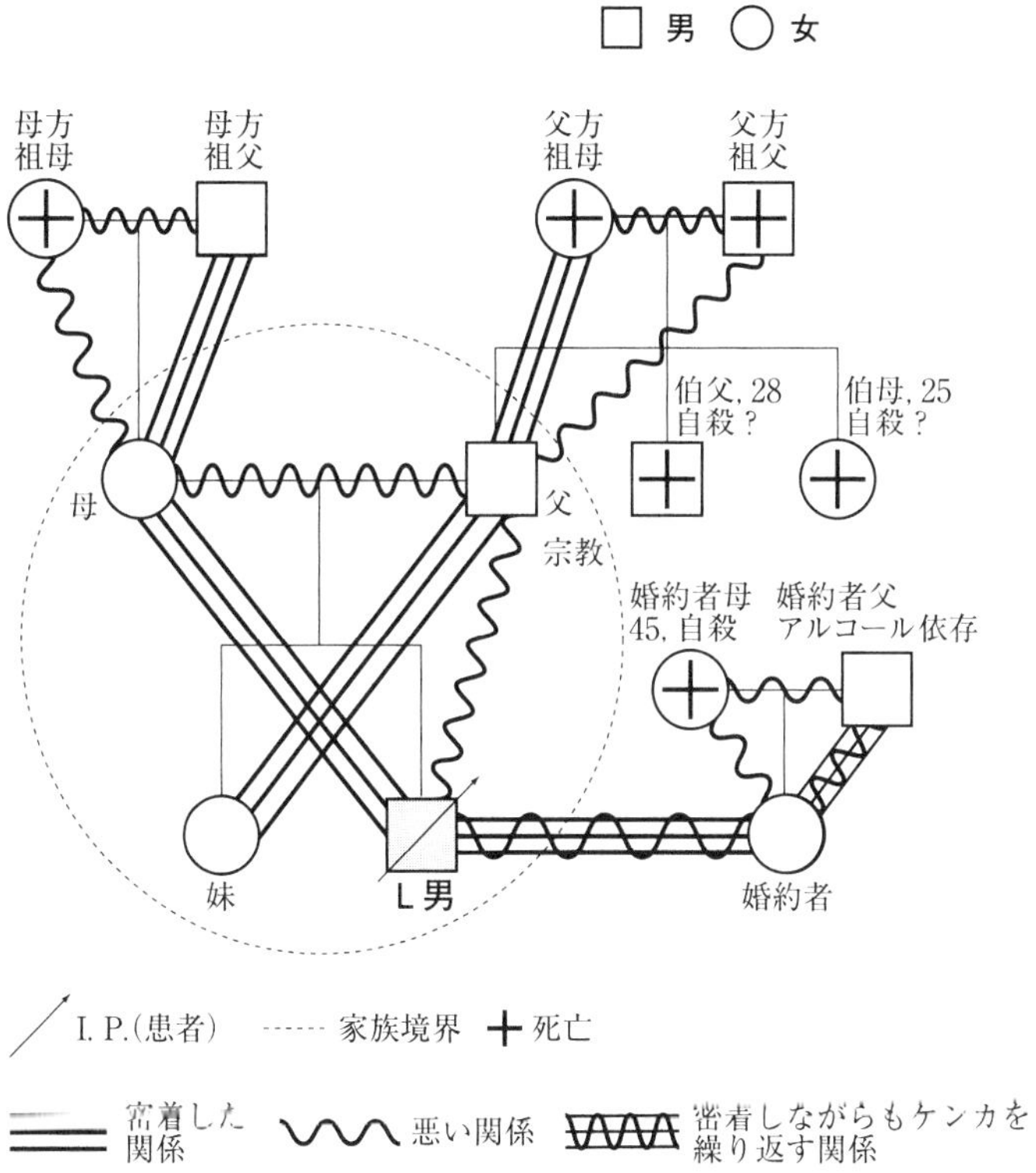

多くの情事を繰り返しています。

こうして見てくると、まず、周辺に「自殺」という不自然な死が多いことに気がつきます。それから、このジェノグラムに出てくる夫婦関係はすべてうまくいっていません。また、この家には「家柄」「旧家」という家族神話があり、周囲の家とは違うという家族の厚い壁ができています。家族の中に「しゃべってはいけない」秘密があります。父親は宗教という「イズム」にも支配されていて、家族をこのイズムでも支配しようとしています。

父親は、自分の母親、つまりL男さんの祖母に非常にかわいがられて育ったようで、母親とは密着関係です。L男さんも母親との密着が強いという関係の繰り返しが見られます。また父親は娘、つまりL男さんの妹と密着していて、L男さんの婚約者も父親との密着が強い。愛着も強いが、嫌いという感情も強い。アンビバレントな感情で密着しているようです。

こうして家系図をつくってながめて考えているうちに、**自分がどうしてこういう生き方をしているか、どうしてこの配偶者と一緒になったか、なんとなく見えてきます。**両親の関係のパターンと同じことを自分もやっている、と気づくこともあります。

「行き詰まり」から抜け出るためのマップ

逃れられない宿命論を展開しようというのではありません。**あくまで、「これから」の人生を変えるための資料にする**わけです。

たとえば結婚も、よく考えずに、あわてて今の相手で決めていいのか。もしくは、自分のそばにいる人を大切にしないで、他に目を向けていていいのか。ジェノグラムでパターンを探ることで、配偶者を選ぶ基準を考え、自分で決めていく判断材料になります。今の相手では両親の関係を繰り返すことになる、それはイヤだと思えば他の相手を選ぶ道もあります。今の相手が、お互いに大切にし合える人であると思えば、二人で新たな関係をつくっていくこともできるでしょう。

結婚している場合は、なぜこの人と一緒になったのか、ということを考える手だてになります。父親はこうで、母親はああだった、と見直してみる。普段はその中に入り込んでしまっていますから、それが当たり前だと思っています。これを距離を置いて他人の目からながめるようにとらえ直すと、行き詰まっていた袋小路の出口が見えてきます。

別れる、離婚だと大騒ぎしていたのが、別れなくてもやり直せるのではないかとか、やはりここは別れて自立したほうがいいだろうなどと判断できるでしょう。

困った問題があるのに直せないというのは、結局、どちらの方向に進んでいいのかわからないということです。どちらの方向に進むか決めるために、現在にいたるまでのマップをつくる。それがジェノグラムです。

「秘密」というのは、それを共有するメンバーの拘束力を高めますが、明るみに出されると拘束力が薄れます。家族間の密着が強すぎる場合、そのメンバーで共有している秘密、神話、ルール、イズムを一つずつ検討していくといいでしょう。家族関係でハマりこんだ役割から自由を得ることにつながります。

不幸続きの家系というのは、何がなんだかわからず不幸に見舞われているものです。しかし、地震の例で述べたように、選択肢がなくて被害を避けられない状況にあった場合を犠牲というわけで、別に犠牲者にならなくてすむ場合もたくさんあります。**不幸の多くは、本人の性格や人間関係のパターンから生まれるものです。**どうしてそうなってしまうのか、その状況を、多少なりともわけのわかった状態に近づけていくことに意味があります。人間関係の修正をはかることで、不幸も修正されていくのです。

「行き詰まり」の終局的な形は自殺

行き詰まりというのは、どちらの方向に進んだらいいのかわからない足踏み状態です。なぜ、どちらに進めばいいのかわからなくなってしまうかというと、そこに親教のマインドコントロールがあるからです。

「ああしてはいけない、こうしてはいけない、こうすべきだ」という教義にがんじがらめになっていて、自分が「どうしたい」かという欲望が押し込められてしまっている。**自分の欲望がわからず、欲望を満たすことができなければ、人生に充実感を抱けません。**そこでとりあえず何かで酔っぱらって、ひとときの楽しさを感じてごまかすことになります。

けれども、酔っぱらっても酔いからさめてシラフの生活に戻ったら何も残っていません。何度繰り返しても、何も残らない。本物の欲望を持てば、それに向かって進み、その過程でさまざまな体験をし、何かを築きあげ、心を豊かにすることができます。

酔っぱらっていた自分も自然に受け入れられるようになるのです。

何かで酔っぱらってごまかせる人は、それでもまだましなのです。それは生き残りをかけたあがきですから、そのうち出口を見つけることもあるでしょう。

「行き詰まり」の終局的な形は自殺です。生きていても、もうこれ以上どうしようもないという思いに取り憑かれて自らを殺してしまう。自分自身の本当の欲望を親教に抹殺《まっさつ》され、息を吹き返すことができず、生きていても「本当の自分」の魂が生きられないと感じてしまう。生き残る意志も意欲もなくしてしまう。

自殺にこめられた強烈なメッセージ

いじめによる自殺も増えています。自殺は、本当の自分の気持ちを伝えたいという強烈なメッセージだと自殺者は考えています。自分が何に怒っているのか、誰が嫌いで誰を恨んでいるのか、言葉や他の形にして伝えることができるものを、自殺というもっとも悲しい形で表現してしまう。それは相互交流のない一方的なメッセージの送り付けであり、コミュニケーションの破壊であり、一種の暴力です。

何も、明るいメッセージ、愉快な会話だけがコミュニケーションではありません。怒るときには怒り、やられたらやり返してケンカをしてもいい。自殺によって怒りを表現するより、もっと豊かな表現方法がある。それを子どもたちに伝えられていないのは、教師や親を含めた、私たち大人の責任ではないでしょうか。

しかし、親のほうが自殺することもあり、これは私にとってはもっとショックなことです。以前、こんな新聞記事を読みました。二人きりで暮らしていた七〇代後半の老夫婦が、離れて暮らしている子どもたちに遺書を残して自殺したのです。

遺書の内容は、「もう一度会いたかったが、病に負けた」というようなものでした。これを読んだとき私は、この老夫婦は病気の自分たち親の面倒をみてくれない子どもたちを呪《のろ》っているなと思いました。アテにするから呪うようなことになるのです。

親は、「子どもなど、かわいいときにかわいがっておけばいいんだ」くらいに思ってあまりアテにせず、大人になったらサッサと放り出し、自分たちの老後は自分たちでなんとかできるようにするのが本来の在り方ではないでしょうか。子どもにすべてを注ぎ込んだりしたら、こっちがヨタヨタになったとき持つべきものも持てずにたいへんだ、と。そのくらいの感覚でいれば、親離れ、子別れもスムーズにいくのです。

しかし、親自身が親教に支配されていると、自分の欲望を我慢して、「せっかくここまで育ててやったのに」「おまえたちのためにがんばったのに」と思う。

子どものほうも口では、「お父さんの面倒をみてあげたいけど、主人の都合で」などといって拒否します。

親が「せっかくおまえのためを思ってここまで育ててやったのに、恩知らず！」と怒鳴り、子どもが「そっちこそ自分のことしか考えてないくせに！」と大ゲンカになったりすれば、これはこれで本音のコミュニケーションが始まります。「会いたかったが病に負けた」と恨みがましく自殺で表現するしかないほどコミュニケーションが貧弱だということなのでしょう。

「理想の親」という錯覚

親は、子どもが考えているほど「親」ではありません。私も、もう「おじいさん」と呼ばれる年齢に近づいてきましたが、自分では全くそんな気がしません。

世間の目から見て初めて、自分がいい年をした大人だとわかるので、私自身の感覚としては、子どもの頃の自分と今の自分はそう変わらない。若いときは、五〇代も半ばになれば、かなりのことについて見識を持っているに違いないと思っていましたが、その年代になってみると、どうもそんなことはない。そう変わらないのです(今は孫もでき、七〇歳になって「リッパなおじいさん」になったはずなのに、やっぱり私自身、そうは変わりません)。

それでも医者という「親」的な仕事をやっている。で、ときどきひそかに「みんなズルイ、私を〝親〟扱いして」とひがんだりすることもあります。

結局、五〇歳、六〇歳になっても、自分の中には七歳の子どもの自分もいるのです。誰かに面倒をみてもらいたいという「子ども」の気持ちがずっとある。では、誰が自分の世話をしてくれるのかというと、やはり「親」なのです。自分が子どもだったときに親だった人に対する期待は、いつまでたっても捨てきれないものです。

けれども、さすがにいい大人になって親に面倒をみてもらっているままでは、社会では通用しません。そのうちに親も死んだりするので、企業という母が必要になってきたり、神様が必要になってきたりします。企業に勤めるのも、宗教に入るのも、それはかまわないのですが、そこに自分の期待する親を投射してしまうと、それに支配され、いろいろな問題が起きてくるわけです。

そうではなくて、あくまで自分の中の「子ども」を自分で面倒みよう、自分で自分をほめたりかわいがったりしてあげよう、というのがマインドコントロールを解く作業なのです。自分の外側に「親」を求めたり、外側に「親」がいると思うのは錯覚で、じつは自分がつくったイメージの「親」でしかないのです。心の中に思い描く「理想の親」と、現実の「親的なもの」は区別しておかなければなりません。

この区別ができれば、一定の人間関係から逃れられずに支配されてしまうことはありません。困ったときにはその関係から離れることができますから、自由に関係を結ぶこともできます。このほうが人間関係にトラブルが少なく、結局は長続きします。支配し合う関係は、破綻《はたん》していくだけです。

親教に支配されている人は、自分の中の「親」（インナーマザー）が、自分の中の「子ども」(インナーチャイルド＝真の自己)を厳しい基準で縛りあげ、ぎゅうぎゅうとしめつけている人です。その結果、インナーチャイルドが息も絶え絶えになって、「あれがしたいよ」「こっちがいいよ」という本物の欲望を口にすることができない状態になっているのです。「私の欲望などどうでもいい、子どもがいい学校に入って幸せになってくれれば」とか「会社が栄えるために」などといっているのは、インナーチャイルドが口をきけなくなっている状態です。

このインナーチャイルドに息を吹き返させ、自分の欲望を知ることが大切なのです。「子どもを育てるのは楽しいし、それも私のやりたいことの一つだが、子育てが終わったらあれもやりたい、これもやりたい」「会社が栄えてくれないと、こっちも安楽な人生が持てない。適度に会社に適応しよう」というのが健康なのです。

自分自身が安楽な人生を持つために働くのだと思えば、病気になったり、家庭崩壊してまで会社につくそうというおかしな行動は減るはずです。

自分のオリジナルな欲望を生み出す

人間の基本的な欲望は、身の丈を横たえられる寝床と、飢えない程度の食事、そして安楽な人間関係、自分を「待ってくれている」人。このどれが欠けても苦しい。寝る場所はない、食べるものもない、待っていてくれる人もいないとなると、文字どおり生きているのが苦しい。しかし、こんな人のほうがかえって幸せなのかもしれません。彼らは、ちょっとした食事と、身を横たえられるわずかな空間に快楽を感じることができます。寂しさの極まるとき、他人の少々の言葉かけのありがたさが身にしみたりします。欠乏こそ快楽の源なのです。

現代の日本では、基本的な欲望は一応充足しているという人が多い。そこでその後に、オリジナルな欲望が出てきます。親きょうだいは私を待っていてくれるが、今度は自分を待ってくれる異性のパートナーが欲しい、もう少し自分の自由になる場所を広げたい、こんな仕事がしてみたい、新しい○○を買いたい、と欲望はふくらんできます。生きる意味を考えたり、精神的な活動に時間を費やすヒマや経済力もあります。

けれども、自分自身の欲望を追求できる条件が整っているはずなのに、同時にその欲望を抑えつける「親教」も蔓延《まんえん》しています。通勤ラッシュの電車に毎日乗って耐えられるというのは、快適への欲望を我慢しなければとてもできないことです。ある程度、自分の欲望を抑えることを学ばなければ、今の世の中には適応できない。

これだけ人口密度の高いところで、自分のやりたい放題やっていたら、あっという間に社会からはじき飛ばされてしまう。「こんなのイヤだ、やってられない」と、どこかに身をひそめてしまったのでは、今度は自分の欲望を追求する選択肢を失ってしまいます。

かといって、「これが人生だ、しかたないのだ」と自分の欲望をすべて「世間様」に明け渡してあきらめてしまっては、生き生きしたインナーチャイルドが死んでしまい、ロボットの自分しか残りません。

この葛藤におちいって打開策が見出せず、インナーチャイルドが生き残りをかけて「オギャ!!」と泣き叫んでいる状態が、病気や問題行動なのです。もっと上手にインナーチャイルドを養って、欲望を満たしてあげられればいいのですが、それが難しいので、ただ赤ん坊が泣き叫ぶような形でしかメッセージできません。

心の病気や問題行動は、なんらかのメッセージなのです。けれども、何を伝えようとしているのか、その解読が難しい。赤ん坊の泣き叫びを、どういう意味か聞き取ってその欲望を満たしてやらなければならないのと同じです。満たされたがっている欲望を取り違えると泣きやみませんし、ほうっておけば死んでしまいます。

自分の欲望を温存しながら、社会に適応していければいいのです。世間様が一番偉くて自分は無力だから、世間様に「合わせさせられている」のではありません。世間様に合わせるのは、あくまで自分のためなのです。世間様に守ってもらうために「しかたなく」自分の欲望を犠牲にするのではありません。自分が快適に過ごし、たくさんの選択肢の中から欲望を追求できる大人であるために、世間様の保護力に守ってもらい、企業の子宮を利用すればいいということなのです。

インナーチャイルドが泣き叫んでいるうちはまだいいのですが、もう泣く力さえ失っている人が多くはないでしょうか。家庭や社会という子宮の中に閉じこもって息がつまり、欲望が外に生まれ出ることもできずにぐったりしてはいないでしょうか。その欲望に息を吹き返させ、社会という大きな「親」の保護の中で、もう少しやりたいことをやらせてあげましょう。

自分の欲望を犠牲にしてまでつくしても、会社も家庭も、いつまでも温かく保護してくれるわけではありません。いつ放り出されるかわからないのですから、自分のことは自分で守れるようにしておいたほうがいい。自分のインナーチャイルドを殺さず、養ってあげられるくらいに、自分の中の「大人」を確立させておきましょう。

親がうっとうしいと思うのは正常な感覚

親教から脱していくきっかけは、「拘束感」への反発でしょう。親に守られてぬくぬくとして、それで満足していられるうちは、まだ本当に子どもなのですからそれでいいのです。けれども、人間は自然に成長していきますので、どこかで親に守られていることに息苦しさを感じ始めます。

親のいうことにいちいち腹が立つ、よけいなことに口を出すと感じたら、親教から脱する時期がきたのです。中学生くらいになったら、親がうっとうしいと思うのが正常に成長している証拠と考えてよいでしょう。

では、いったい何に腹が立つのかを考えます。たとえば、「○○ちゃんのほうが成績がいい」といって比べられるのに腹が立つなら、「比べないでくれ」と親に抗議する。服装や髪の毛のことまでいちいち決められるのがうるさいといって、わざわざ金髪に染めたりする子もいます。この段階では、金髪にするのが彼らの本当の欲望なのかどうかはわかりませんが、とにかく「私は親とは違う」という主張が始まるのです。

そこでいろいろやってみて、親の口出しから逃れて親離れすると、「何も金髪にしたいわけではなかった」と気づき、今度はもう少しオリジナルな欲望が追求できるようになります。ただし、そこでファッション雑誌などの真似をするというまた別の親教に取り込まれていく場合も多いでしょう。そのうちに「ファッション雑誌の真似はもうイヤだ」となって、さらにオリジナルな欲望を追求し始める、というふうに「個別化」していくのです。

子どもとして親に保護されているうちは、ある程度の「枠」があって当然です。親と子どもは違う人間なのですから、考え方も違います。子どもにとっては「親の考え」という「枠」があることになります。そこにぶつかって、それとは反対のことをやってみて、それも違うんじゃないかともっと広い世間に他の考えを求め、じょじょに自分なりの個性を形成していくのです。

親が「何でもやりなさい」といってしまうのは、もっと広い意味の、放し飼い主義の親教になってしまいます。「ルールがないというルール」です。

子どもは「枠」にぶつかりながら、自分のぶちあたる力を信じられるように育っていくのですから、**親は、ときには子どものしたいことに立ち向かう壁の役割を果たさなければなりません。子どもとぶつかり、怒りの対象となり、あげくに捨てられるのも親の仕事の一つと割り切るのがよいでしょう。**

「寂しさ」の感覚に耐えられる人

ここでいう個別主義は、「ミーイズム」(私中心主義)ではありません。どこが違うかというと、個別主義は、アダルト(成人)だけに許される生き方であるという点です。ミーイズムには「私を見て」「私だけを大切にして」という子どもっぽい依存性と無責任が含まれますが、個別主義を取る大人の場合、自分の振る舞いは自分で決めて、その結果にはきちんと責任を取らなければなりません。

もう一つの違いは、個別化の過程で人は、相当にきつい「寂しさ」の感覚に耐えなければならないという点です。寂しさに耐えられる人だけが、そこから豊かなものを引き出せます。このことについては、私の別の著書『「自分のために生きていける」ということ』で詳しく述べましたので参照してください。

親教から脱しようとするときに新たな自分たちだけのユートピアをつくろうとすると、オウム真理教のように、別の形の親教社会をつくってしまうことがあります。あのような教団に集まった人たちは、おそらく家庭が安全な場所ではなかったり、社会の拘束感に息苦しさを感じ、魂の安らげる場所をそこに求めたのでしょう。

けれども悲しいことに、親教から脱していないので、教団や教祖という新たな「親」に支配されてしまうことになったのです。

反親教・アンチペアレンティズムの核は、「インディビジュアリズム」(個別的生き方)です。これも「イズム」がつきますが、あくまで個人の主義主張なので、集団性や全体主義からは無縁です。一人ひとりが別個に行動するものですから、流行も関係ありませんし、みなで団結することによる拘束もありません。

考えの合う個人が集まって、一緒に何かをすることもあるでしょうが、終われば解散します。考えが変わったら、すぐに離れることもできます。個人を大切にするのですから、固定した集団にはならないわけです。固定すると成長が止まりますが、くっついたり離れたりできる柔軟性があれば、それぞれに自然な成長があります。

他人の評価に頼らない

自分が置かれている拘束感、息苦しさの状況を認識することが、マインドコントロールを解く第一歩ですが、それができるのには条件があります。健康な自尊心、健康な自己肯定力がないと、自分の置かれた状況を正確に見つめることができません。

親教にとらわれている人は、歪んだ世界観を持っています。その歪んだ眼鏡ですべてを見ているので、自分についても、どうしても歪んだとらえ方をしてしまいます。そこで周囲の考えや評価とズレていき、さらに自分の世界に閉じこもって世界観を歪める結果となります。本当の自分を見つめる勇気が持てないのは、自己肯定感が弱いからなのです。

そこで、親教の信者は他人の賞賛を求めるのですが、他人の評価によって自尊心を強めようという試みは失敗します。なぜなら、自分を尊重する気持ちを持てずに、まず他人の評価に頼ろうというわけですから、そもそも自分で自分を卑下しています。他人様《ひとさま》第一で、自分が後回しになっています。評価してもらおう、ほめてもらおうと他人にねだればねだるほど、自分が失われていく悪循環です。

この悪循環を断ち切るためには、他人からの肯定をねだる前に、まず自分で自分を肯定していく。自分で「これでいい」と思えないと、周囲の押しつけに流されます。反対に、流されるのが怖くて、絶対に人のいうことを聞き入れない頑固さが生まれます。

「自分の感覚を信じる」ことは、トレーニングで伸ばしていけます。「これでいいのだろうか」と不安になったとき、自分で自分に「これでいい」といってあげるだけです。このトレーニングを「セルフ・アファメーション」（自己肯定）といいます。

あれこれの選択肢があるとき、どれがいいかと迷いに迷ってしまうのは、誰もみな同じです。**どんな人も、迷いながらも、そのつど、最終的には自分で「これでいこう」と決断しているものです。準備や勉強も必要ですが、どんなに怠りなくやっていても、間違ったり失敗することは当然あります。間違ったらやり直して、失敗したら改めればいいだけのことで、それで十分やっていけます。**

人のいうことを聞いていれば悪い結果が出ても人のせいにできますが、自分で決めたことには自分に責任が生まれます。自分に責任があることで新たな自己肯定感も生まれてくるものです。

親のもとにいる息苦しさを感じながら無責任な子どもでいたいのか、苦しい責任を引き受けてもやりたいことをやる自由を得たいのか、その選択になってくるでしょう。

自己肯定感を高める

「私はこのままの私で十分。愛される価値がある」という自己肯定感も大切です。このままでは愛されない、もっと痩せなければ、もっと美しくならなければ嫌われる、と思っていては、いつまでたっても愛は始まりません。せっかくいい関係をつくっても、いつも「こんな自分ではダメなのではないか」と思ってしまい、結局、想像どおりの悪い結果を招いてしまいます。

「私はこれでいい。このままの私がいい」と、自分のことを愛し、自分で安らいでいる人は、他人に癒してもらおうという野心でギラギラしていませんし、愛情をねだりません。そのような人のほうが結局、愛されます。人は、自分で自分のことを愛しているぶんだけ、他人に愛されるといえるのかもしれません。

自分を愛することができる人は他人に対する共感性も高いので、他人を愛する能力もたっぷり具えています。他人を愛する能力とは、世話やきをする能力とは別のものです。ましてや、相手を独占したり、縛りつけることではありません。必要なときには他人の面倒をみることもできますが、その必要を見分けることもできます。よい人間関係が保てることで肯定感がさらに高まり、また他人にも愛されるという、いい循環をしています。

自分のことを愛せず、結局、他人にも愛されないという悪循環におちいっている人は、いいほうの循環に乗り換えるために、まず、自分を愛することから始めればいいのです。最初に悪循環に入ってしまったきっかけはたいてい親なのですが、だからといって、いつまでも親を責めていてもしようがない。きっかけはどうであれ、自分で自分を変えることはできます。

自分を愛するということは、本当の自分とかけ離れた理想の自分を頭の中でつくりあげて、その自分を愛することではありません。過去にすばらしかった自分や、未来にすばらしいであろう自分を愛することでもありません。現在のありのままの自分を「これでいい」と受け入れることです。

たとえば、病気で会社にも学校にも行けず無力な自分を、「私はなんでもできて偉いからすばらしい」と愛するのはおかしなことです。仕事でミスをした自分を、「あれは誰々のせいだ、私は間違っていない、これでいいのだ」というのも間違った愛し方です。

「私は今、病気だけれど、病気になる必要があったのだ。こんな自分がいとおしい」

「ミスしてしまったが、その責任はとって挽回しよう。そう思う自分はすばらしい」

と思えるのが、健康な自己肯定です。

大人としての能力が育ってくれば、自分の置かれた状況も正確に把握できますし、自分がそうたいしたことがないこともわかってきます。自己卑下や自己嫌悪ではありません。自分は大勢の中の一人で、万能ではない個人だけれど、それで十分であると思える。みんなそれぞれに違う個性を持った人間だけれど、お互いに分かち合える同じ人間だと感じられます。

得意な分野や能力の差はあっても、誰もそう変わりはありません。威張ったり引っこんだり、孤立する必要はないのです。目立とう目立とうとしなくても、そのままのあなたで十分、個性的なのです。

自分いじめをやめる

自己肯定力を高めるためには、「自分で自分を好きになれる」行動を積み重ねていくことも大切です。

自分を愛せず、自分を罰したがっている人は、わざと盗みをしたり、わざと相手をイライラさせたり、わざわざ人に嫌われるようなことをします。自分を許したくないので、自分で自分が許せないことをするのです。自分がイヤになることを続けながら「これでいい」「これでいい」といくら呪文をとなえても、自分自身がそう思えません。自分をおとしめるようなことはやめて、自分を好きでいられることをする。自分が「これでいい」と思ってしたことなら、それがうまくいかなかったとしても、他人になんといわれても、自分のことを嫌いになったりしません。

もしも今までしたことで、自分を許せないことがあるのなら、悪いことをしたと思う人に謝ってもよいでしょう。ただし、自分いじめになりそうなら、それはやめる。自分を裁くことではなく、まず自分いじめをやめることが先決です。謝ったり埋め合わせをしたい、そのほうが自分を許せる、という気持ちになったときだけそうすればいいのです。

自分が悪いことをしたと認める気になったり、人に謝る気持ちになるのも、健康な自尊心が育ってきた証拠です。反対に、いつも他人にすまなそうに謝ってばかりいる人は、自分は悪くないといえたり、正当に怒れるようになるといいでしょう。

ではどのあたりが正当かという感覚は、個人と個人のぶつかり合いの中で各自が見つけていくほかありません。そして、きちんとぶつかり合うためには、一人ひとりが自己肯定的になるほかありません。

怒りを正当な自己主張に変えていく

怒りや欲求不満は、欲望が満たされないところから生まれてくる感情です。つまり、自分が何に怒っているのかはっきりわかっている人は、自分がどうしたいのか、欲望がはっきりわかっているのです。

これを、適切な手段で表に出せるようになれば、きちんとした「自己主張」になります。やみくもに筋肉の力で自己主張しているような人は危険ですから排除されてしまいます。

欲望が押し殺されている人は、喜びや怒りも押し殺されています。心の中には怒りが渦巻いているのですが、自分が何に怒っているのか、よくわからない。わからないから適切な手段で表現できず、抑うつ的になったり、衝動的な暴力に走ったりします。

怒りは、親教から脱していくときにとても大切なもので、まずその感情を貴重なものと認めてください。怒るのはよくないことのようにいわれますが、そんなことはありません。むしろ、怒りを抑圧していると、自分が何に怒っているのかわからないままに、自分自身や周囲を傷つけることになります。

腹の立つことがあれば怒りがわいてくるのは当然で、お腹にガスがたまれば出てくるのと同じくらい健康です。怒りを認めるのも自己肯定の一つです。

怒りがわいてきたら、すぐに消そうとしないで、何に怒っているのかを考えてみる。人間は言語を持っているので、自分の怒りを相手に伝えることができます。「私はこれこれについて不満である」「AはBに変えたほうがいいと思う」「私はこういうふうに生きたいんだ」と口でいったり、文章に書いたりといった言語活動に変える。

それには、衝動的なものを遅延すること、我慢することも必要です。「頭にきた」といきなり相手を殴ってしまうのではなく、まず考えてみる。「やっぱりおまえのほうがおかしいんじゃないか」と思えば言語活動で伝える。「よく考えてから行動しよう」ということで、これができるのにも自己肯定感、自尊心が必要になってきます。

自尊心があれば相手の主張にも聞く耳が持てる。小さなことは我慢し、もう少し大きく自己主張しようということができます。自己主張も「洗練」されてくるわけです。

グリーフ・ワークとインナーチャイルド・ワーク

親教に蝕まれている人たちは、なんらかの形で、健康な子ども時代を失ってしまった人たちです。少なくとも本人はそう感じています。自分からまともな子ども時代を奪ったものに対して、激しい怒りを抱えている。健康な自尊心を育てていく安全な場所を提供してくれなかった親に対して怒っているのです。

失ってしまった子ども時代を気のすむまで嘆くことが、親教から脱していくステップの第一歩となります。失ったものを嘆く一連の作業を「グリーフ・ワーク」と呼びます。過去の事件を回想し、確認し、自分なりにストーリーとして物語ったり、悲しみや怒りなどの情緒体験を改めて体験する作業です。

喪失には、人間関係の喪失もありますし、自分の若さが失われていくという喪失もあります。赤ちゃんを産めば母親になり、娘としての自分は喪失されます。火事や地震で家財を失うこともあります。外国に移り住んでカルチャーショックを感じるのは、今まで生きてきた中で得た価値観の喪失です。葬式はもっともわかりやすいグリーフ・ワークの一つです。私たちは普段、さまざまな喪失を体験し、そのつど、グリーフ・ワークをしているのです。

一人の部屋で音楽を聴きながら涙を流したり、友人に自分の悲しみを聞いてもらったり、同じような体験をした人の話を聞いたり、自分の気持ちにぴったりの映画を観たり、小説を読むことで気持ちを整理していく人もいるでしょう。

こうしたグリーフ・ワークが適切にできていない場合、いろいろ問題が起こってきます。子ども時代の喪失のグリーフ・ワークができていない人が、親教のマインドコントロールから逃れられない人なのです。「私はもう子ども時代を喪失したのだ」ときちんと嘆いていないので、いつまでも子どもをやりたくなってしまう。

このような人々は、自分の子ども時代を回想し、「私の子ども時代」を一つのストーリーにします。それが悲しいストーリーであれ、自分の歴史の中に「子ども時代」としてしっかり位置づけてあげるのです。今の私は、なぜこうなっているのか。私が今このような生き方をしているのは、どんな子ども時代によるものなのか。その流れを自分なりに意味づけて語れるようになれば、これからの自分を生きることが始められます。

アルバムなどで自分の子どもの頃の写真を見て回想したり、子どもの頃の自分を思い返して、その子どもと対話するという方法もあります。欲求不満のまま取り残されている自分の中の「子ども」(インナーチャイルド＝真の自己)を呼び出し、その子の声を聞いてあげるのです。これを「インナーチャイルド・ワーク」といいます。

「どうしたいの？　何がしたいの？」と、心の中で泣いている子どもをあやし、欲求を聞いてあげます。何かを伝えたいのにそれを伝えられないまま、自分の中に押し込めているかもしれません。その子の話をよく聞いてあげ、もしも今からできることがあればしてあげる。その子の声を親に伝えたいのなら、伝えてもよいでしょう。

ただし、インナーチャイルドを呼び出すことが危険な場合もあります。心の傷が深くて大きい人は、インナーチャイルドが真っ黒で影のようになっていることもあります。呼び出しているうちに、強い復讐心や攻撃心にかられることもあります。このような場合は、信頼のおける医師や専門家の立ち会いとアドバイスが必要になります。

エンタイトルメントの怒り

精神科の患者さんというのは、ある意味で非常に自己主張的であるといえると思います。「憂うつです」「私は過去にこういうことがあって傷つきました」と、誰かに向かっていいたいのです。病気という形で自己主張しています。病院に行かないまでも、ストレス社会といわれる現代では、憂うつ感や無気力さを抱えて生きている人は少なくありません。それは、自己主張、自己表現したいことがあるのにうまくいかない状態です。

では、**どういうときに人が自己主張的になるかというと、自分がもらえるべきもの**

をまだもらっていないときです。そのときは怒りをともなった自己主張が出てきます。これを「エンタイトルメント（権利回復）の怒り」といいます。ボクシングなどでいうタイトルマッチの「タイトル」です。タイトルを取り返すぞ、という気持ちです。

隣の人より自分のほうが先に注文したはずなのに、まだラーメンがこない。こういうときは腹が立ちます。何も今すぐラーメンがこなくても餓死するわけではないのですが、隣と比較するから腹が立つ。隣はサービスされているのに、私はサービスされていないという不公平感が人を怒らせます。

昔の人は、あまりエンタイトルメントをやらなかったのでしょう、それをやるのは権力者だけで、いわば王様同士が戦争をしていたわけです。ところが、現代は誰もが王様で、「私はまだもらってないよ」といえる時代です。また、人の目を気にしていればいつも他人と自分を比較することになります。あれこれ比較すれば、「まだ私にはこれがない、あれがない」と、エンタイトルメントしなければならないことがたくさん出てきます。それだけ自己主張的になってくるのでしょう。

親密な関係には「ノーをいう能力」が必要

自己主張が一切、封殺《ふうさつ》されているような世の中は恐ろしいものです。みんなが自分のできる範囲で自己表現できる今の時代は、幸せなのではないでしょうか。

けれども、誰もが「私のほうが先だ」「こっちにもくれ」と怒り、取り分競争をやっているると、殺伐《さつばつ》とした世の中になってしまいます。競争に負けると、誰かがずっといいたい放題の子どもばかりやって、誰かがずっとじっと我慢の大人ばかりやらされるということになりかねません。取り分競争は子ども返り競争のようなものです。

異性関係や夫婦関係でもそうです。私たちは相手から、かつて母親から受けていたような自分への関心、目の輝きが欲しい。そこで、母親から与えられた甘いミルクのような愛を期待しながら異性関係をつくります。できれば、自分は愛を受ける子どもでいたいのです。けれども相手もそれを求めてきます。こっちも普通の人間なのに、聖母マリアやキリストにされたのでは困るというわけで、負けずに子ども返りする。

互いに求めているものは同じだということがわかって、互いに子どもをやったり、面倒をみてあげたり、と役割交換できるのが大人の異性関係なのですが、だいたい片方が赤ちゃんになって、片方が親をやる関係になってしまいます。もっとも、給料を持ってくるうちはそれなりにやっていたつもりだったのが、定年になって、「もうこれ以上、あなたの世話なんかできない」と我慢してきた妻に放り出される男も増えてきたようですが。

硬直した役割におちいることなく、バランスのとれた対等で親密な関係をつくるためには、ノーをきちんと楽にいえる訓練も必要です。ノーも自己主張の一つです。やりたくないことはやりたくない。行きたくないところには行きたくないといえなければ、対等な関係をつくるのは難しい。

「断る」という行為は、「関係を結ぶ」のとは正反対のように思えますが、実はそうではありません。親密な関係を結ぶためには、なんでもかんでも受け入れるのではなく、ノーをいう能力が必要です。相手をバカにしたような感じや拒否したという印象を与えず、上手に断る技術も必要なのです。

また反対に、**相手に「それはイヤだ、これは困る」といわれたとき、きちんと受け止める安定した自分もつくっていかなければなりません。**いちいち拒絶されたような感じを受けて傷ついていたら、人間関係は築いていけません。

浮気を繰り返す男は母離れをしていない

子どもは、親に無条件に愛されて育つものです。無条件に愛された子どもは、「私は愛されて当然だ」という強い自己肯定感を持ちますから、その後の人間関係がうまくいきます。根本に安定した自尊心がありますので、状況に応じて自分の態度を修正していけるのです。

ところが、子どもの頃に無条件の愛を受けていないと、まだもらっていない「無条件の愛」を大人になっても求め続けます。大人が大人に無条件の愛を期待するのは間違っています。妻はいつまでも私を信じて家で待っていてくれるはずだ、と外で遊びまわっている夫は、妻を「女」ではなく「母」だと勘違いしています。

私は以前、新しい不倫相手を妻に紹介したという男性の話を聞いたことがあります。母親にガールフレンドを紹介して認めてもらおうとするのと同じなわけです。そんなことをしていたら「あなたなんかイヤだ」と妻にいわれても当然でしょう。

妻の目を盗んで浮気を繰り返すというのも、母親の目を盗んで悪いことをして母離れしようとしている子どもと同じです。きちんと母離れがすんでいれば、妻を相手にそんなことをしなくてもすむはずなのですが。

自分は愛されて当然だという健全な自尊心を持っている男性は、愛に飢えていませんからそれほどマメに女性を追いかけません。好きになった女性だけ一所懸命追いかければいいわけです。そういう人がいないときは、他にもいろいろやりたいことや好きなことがあるから一人で過ごしていてもいいと思えるのです。

ところが、取り憑かれたように女性を追い求める人がいます。ビル・クリントン元大統領は「私はアダルト・チャイルドだ」と公言しているだけあって、こうした癖から離れられないようです。

こういう男性に限って最初はやさしいのです。高級な車を持っていたり、サッとドアを開けて乗せてあげたり、女性にお姫さま気分を味わわせてあげるのがうまい。けれども、一緒になると必ず女性の心を傷つけるようになる。暴力的になる男もいます。

自分のほうは何人もの女性と関係を持ちながら、相手からは忠誠を求めます。相手のプライバシーを奪って、自分に縛りつけようとする。そんなつき合い方は、相手を大切にしていない証拠です。

自分を大切にしてくれる相手を選ぶ

私のところにきている女性の患者さんたちは、たいてい二種類の男性を恋人候補として持っています。私は相手の男性をAタイプ、Bタイプと分けています。

Aタイプは、妻子持ちだったり、年上だったり、先生だったり、社会的地位があって名誉やそれなりの収入もある。ちょっと遊び人風で、けれども決して自分を一番大切な人として愛してくれない。Bタイプは、そこいらの普通の男です。同年輩くらいで、さしたる社会的地位もなく、容貌、風采《ふうさい》も人並みです。

この二つのタイプの男性を比較してみると、どうも、その女性なりの良さを認めて、ちやほやしてくれるのはBタイプのほうなのです。「どこに行きたいの?」「何が好きなの?」とあれこれ知りたがり、それを中心に遊びの計画を立ててくれます。Aタイプのほうはというと、自分の都合のいいときだけ電話してきて、「時間があるからきてもいいよ」などという。彼女の都合や、彼女の好きなことには興味を示しません。

自分を大切にしてくれないAタイプの相手を選んでしまうのは、親教に蝕まれたままの人です。相手の地位や収入や容貌で自分の価値を高めようというのは、誇り高いとはいえません。自分の価値は自分で高めていけるものなのですから、パートナー選びは、「自分と気が合うか」「お互いに大切にし合えるか」「一緒にいて楽しいか」というような視点が中心となってくるものでしょう。

自分の良さをちやほやしてくれなければ、「おかしいな」「こんな人と一緒にいても楽しくない」と思うのが普通です。都合のいいときだけ「時間が空いたからこいよ」といわれても、のこのこ出かけていく気にはなれないでしょう。

Bタイプのほうは、汗をかいてお世辞をいったり、目が真剣になっていますから、女性のほうも「これは愛されている」とわかるはずです。ところが自尊心の低い人は、「この人では連れて歩いて自慢できない」と思う。相手をペットかアクセサリーとしか思えない人は、相手にもそう思われてしまいます。

Aタイプの男性を選ぶ女性の場合、極端な場合には、自分に好意を持ってくれる異性を、そのことのために軽蔑したりします。私みたいな者に好意や愛情を持つこと自体、あの人がダメな証拠だというわけです。なんと低い、傷ついた自尊心でしょう。

親にお人形扱いされて育った人は、こういうことに鈍感になっていますから、わざわざ自分をモノ扱いする相手を選んでしまいます。さらに傷ついて、その怒りを抱えたまま、次につき合う異性に復讐を試みたり、相手をモノ扱いしたり、Aタイプの異性を選んで友人に自慢しようとしたり、どんどん自尊心をおとしめていきます。

また、自分のほうは相手のことをなんとも思っていないのに、「ちやほやしてくれるからこの人でいいや。私にはこの程度の相手がちょうどいいんだ」というのも、自尊心を低めていくだけです。信頼し合える関係も築けません。

この悪循環を断ち切るために、私は「ちやほやしてくれる相手が現れるまで待ちなさい」といっています。その人なりの美しさを愛してくれる人は必ずいます。その人のよさを自然に愛する気持ちが生まれてくる相手、お互いに愛し合い、自尊心を高め合える相手を選ぶことです。

第5章

スムーズに親離れ、子別れする方法

問題を起こす子どもは親孝行

いつの時代も、子どもたちはある時期（多くの場合、思春期）がくれば必死になって「親離れ」しようともがきます。親に付属する「半個人」から一個の独立した「個人」へと脱皮していこうとするのです。

これは、子どもが家や家族や親に庇護《ひご》された世界から離れ、自立した大人になるために必要なステップです。「分離・個別化」と呼ばれるこのステップを通過することによって、子どもは情緒的・精神的に成長していきます。

ところが、この「個別化という成長」ができない子どもが増えています。親は、子どもが成長していくためには、「子別れ」という〝協力〟をしていくもので、それも親の仕事の一つです。けれども、少子化が進んだ現代は、親子の密着度が高く、しかもその密着した関係が長く続きやすい。親はいつまでも子どもにしがみつき、子どもを離そうとしない。親は気づかないのですが、親自身の個別化、つまり成長が十分になされていないわけです。それが子どもの心の成長を阻《はば》んでいるのです。

しがみつかれ、親の手を振りほどけなくなった子どもたちは、成長に挫折《ざせつ》してしまいます。成長に挫折した子どもたちがどうなるかというと、親や家族との「融合」、つまり「子ども返り」（退行）をはかり始めます。赤ん坊と母親との関係に見られるような、母子未分化状態に逆戻りしようとするのです。

子どもとの密着度が高いうえに、親自身の個別化が十分でないと、自分の子どもを一人の個人として生きられない「親教」の信者に仕立ててあげてしまいます。これは、親と子、二つの餅がベッタリとくっついてしまっている状態といえます。いったんこうなってしまうと、分けるのがたいへん難しい。なんとかして別れようというところから、家庭内暴力や病気やさまざまな問題行動が起こってきます。

家族の中で何かの問題が起こっているとすれば、その問題が、家族関係の歪みを表していると考えられます。とくに**子どもが起こす問題は、そのほとんどが親の歪みを背負っています。逆にいえば、子どもは体を張って親の歪みを明らかにし、個別化を遂《と》げよう、親から脱皮して大人へと成長しよう、親の個別化にも協力しようとしているといえるのです。**

子どもの問題行動は、それ自体が家族関係を変えていきます。今までの夫婦関係、親子関係の歪みを修正していくきっかけなのです。子どもは体当たりで、親に問題行動をプレゼントしているのです。ですから、問題を起こす子どもはとても親孝行だといえます。こういう子どもが、年とった父親、母親の面倒をみる場合も多い。結婚し、子どもが生まれて忙しい娘がこられないときに、いつまでもフラフラして金のかかっていた息子や娘がやってきて親のおむつを替えてくれる。そういう話も多いのです。

私は、子どもの問題で私を訪ねてくる親にこのように話すことがあります。

「あなたの娘さんは親孝行ですよ。第一、しょっちゅう問題を起こして、あなたたちをボケさせないじゃないですか。結局、あなたのおむつを替えてくれるのはあの子ですね。彼女は治ればどこの馬の骨ともわからない男のところへ行っちゃって戻ってこないのだから、ゆっくり治療したほうがいいですよ」

するとご両親も、「そういえばそうですねぇ」などといっています。

ほとんどの人は、問題が起こると、問題を起こした本人が変わることを期待します。けれども、これが一番難しい。自分が変わるほうが簡単なのですが、自分を変えることには抵抗がともなうため、たいていの場合、相手をなんとか変えようとします。相手も自分が変わることには抵抗しますから、いつまでたっても何も変わらず、問題は深刻化していくだけです。

親と子の境界線を引くためのルール

夫婦関係でも同じです。たとえば、夫のアルコール問題に悩まされている妻は、夫が反省して酒を飲むのをやめて、夫婦関係がうまくいくように期待します。

けれども、夫が飲酒をやめるように努力するより、「飲んで暴力をふるうあなたとは一緒にいられません」といって出ていくほうが簡単です。子どもは親を選べませんが、大人同士の関係では、そういう相手をパートナーに選ばなくともよいのです。本当に困るのならきっぱり出ていけばいい。

この場合、言葉はあまり意味を持ちません。言葉で「出ていくぞ、出ていくぞ」というのは、言葉の脅《おど》しによって相手をコントロールしようとしているだけですので、相手も「今度こそやめるから出ていかないでくれ」と体《てい》よく言葉で逃げ回るばかりで、その繰り返しがえんえんと続く。本当に出ていかないと変わらないのです。

出ていくとなれば、自分一人で一日いくら稼げて、それで食べていけるのか、子どもを連れて出る場合どうするのか、そういった今後の生活の手立てを考えなくてはなりません。生活保護などの社会資源の活用も必要になってくるかもしれません。夫が暴力をふるうなら、母子生活支援施設や婦人相談センターなどに援助を求める。かつて働いていた人なら、そのときの人脈をもう一度使う。自立はなかなかたいへんです。

出ていってもたいへんなことがわかっているので、結局、不満を持ちながらもこれまでと同じように暮らし、どうにもならない事件が起こってようやく変わる場合が多いように思います。問題が深刻化し、行き詰まりがひどくなってくると、行動する力が残っていないこともあります。手遅れになる前に、自分の行き詰まりに気づいて変化のほうへ動くセンスも必要となってきます。

夫婦関係でも親子関係でも、「あなたなしに生きられない」となっては、その言葉どおり、お互い別々になったときに生きていけなくなる。親子関係でも適度な距離とバランスをとり、時期がきたらスムーズに二つの餅に分けられるようにする。それが、子どもの成長となり、親自身の成長にもつながるのです。

親教を脱していくことは、同時に、次の世代に親教の信者を拡大生産しないことにもつながります。そこでこの章では、スムーズに「親離れ」「子別れ」する方法を考えてみたいと思います。

基本的には、親の世代と子どもの世代に、明確な境界線を引けることが必要です。子どもが思春期になったら、お互いの領域に枠をつくる。一つ屋根の下に暮らしていても、子どもが自分の境界をしっかり守ろうとしていれば、親はそれを尊重しなければなりません。しかし、親がつくった家の中では、親が偉くて、子どもは偉くない。普段からこうした階層秩序をはっきりさせておくことです。

子どもの住む世界は子どもの聖域ですから、ある程度以上は近寄らない。親は、「ここから先は私たちの立ち入る問題ではない」と割り切ることが基本なのです。

私は、「親離れ」「子別れ」の時期は、一応、一五歳を一つの目安と考えています。子どもが中学校を卒業するまでの養育は、親が責任を持ってする。逆にいうと、それ以上の責任感はいらないということです。あとはそれぞれの親子で工夫して、「親離れ」「子別れ」をしていけばよいのではないでしょうか。

ただ、親自身が、自分の親に支配され、侵入されて育ってきていると、そのやり方が当たり前だと思っていますから、子どもにも同じことをやってしまいます。何が「当たり前」なのかという基本ルールを少し述べてみましょう。

〈ルール1〉子どもの秘密に触れない

まず、自分の問題について、子どもがきちんと「秘密」を持てること。子どもが大きくなってきたら、秘密を持つようになるのは当たり前です。子どもが親に隠しごとをするようになったら、「うちの子も成長してきた」と喜んでいいのです。

世代も違いますから、友人どうしで親にはよく意味のわからない会話をするようになります。そんなときは、「いつの間にかなんだかわけのわからない人間になってしまった」と寂しく思っていればいいわけです。子どもの秘密のポケットをすべて暴いて、いつまでも何もかも把握していようとするのはおかしなことです。

たとえば、子ども部屋に勝手に入って机の引き出しを開けて、わざわざ奥のほうに隠してある日記を取り出して読む、ということを平気でやる親がいます。親なら子どもの日記を読んでもいい、当たり前だという感覚を持っているのでしょうが、それは当たり前ではありません（子どものケータイも同じです）。

子どもの手紙を整理して、ボーイフレンドやガールフレンドからの手紙を、「これはいらない」といって勝手に捨てる親もいます。どの手紙を捨てるのかは子どもが決めることで、親が代わりにやることではありません。

また、一五歳を過ぎたら、「学校遅れるわよ、早く起きなさい！」というのもやめたほうがいいでしょう。これは多くの親がやっていることだと思いますが、高校生にもなったらほうっておいて、自分で起きてくればいいのです。遅刻して困るのは本人です。ちゃんと高校を卒業したいのなら、自分で起きてきて、時間に間に合うように行くでしょう。

「勉強しなさい」とうるさくいうのもたいていの親がやっていると思いますが、勉強しようがしまいが、宿題を忘れて怒られようが立たされようが、それも子どもの責任です。そのくらいの責任が自分で取れないようでは、この先、生きていけません。だいたい、親にうるさくいわれるほどやりたくなくなるのが普通の子どもで、親にいわれたとおり机に向かっていたら、「うちの子はちょっとおかしいのではないか」と疑ったほうがいいくらいです。

もっとまずい親だと、デートの時間にまで口出しします。「○○くんとの約束、二時じゃないの？　そろそろしたくしなさい」などとあきれたことをやっています。

デートのスケジュールまで把握してくれる親がいるかと思うと、ボーイフレンドからの電話に勝手に出て、勝手に切ってしまう親もいます。親にしてみれば、変な男にひっかかっているのではないかと心配なのでしょうが、そんなことをやっていると異性に対する健康な判断力も育ちません。親への反抗心から、よけい危ない男に近づくようになります。

〈ルール2〉子どもの性的領域に立ち入らない

子どもの持つ「秘密」には、「性」の問題が大きく関わります。そもそも、子どもの秘密の多くはそれほどたいした問題ではなく、性をプライベートなものとして大切に守れるかどうかがメインになってきます。その秘密を共有するのが異性関係なわけです。**子どもの性的領域にずかずかと立ち入り、無神経に暴いたり、安易に触れるのは**

もっとも危険なことなのです。

心の問題を抱える人の多くは、子ども時代に性に関する悲惨な体験や大きな心の傷として残るようなショッキングな経験をしています。大人にとってはちょっとしたおふざけに過ぎないことでも、子どもにとっては生涯消えない衝撃的な出来事となる。表面化されにくい問題だけに、癒されないトラウマとして心の底にいつまでも沈殿してしまうのです。

まずいっておかなければならないのは、異性の子どもに手を出さないということです。これは厳しく境界をつくっておくべきです。こんなことをいわなければならないのは悲しい話なのですが、実際には異性の子どもに触わりすぎる親がいくらでもいます。第1章にも書きましたが、近親姦の被害を受けた子どもの数は意外に多いのです。

性の秘密への侵入は、ささいな出来事にも見られます。たとえば、子どもが恥ずかしがるようになってもいっしょに風呂に入ろうとする。服を着替えているところをのぞく。子どもが入っているのを知っていて風呂場の扉を開ける。むやみに身体に触れようとする。風呂上がりに裸で家の中を歩き回る。「パンツどこだ」と娘がいる場所でも真っ裸でウロウロする父親。男として成長しつつある息子の前で平気で着替えをしたり、「背中流してあげようか」などといって風呂に入っていくような母親は、子どもの成長を喜ばない親です。

大人になろうとしている子どもは、オナニー（性的自慰）などの「性的ファンタジーの世界」を持ち始めます。親は、こうした子どもの領域に立ち入ってはいけません。

息子の部屋を掃除し、ゴミ箱のティッシュを片付け、散らばっていたポルノ雑誌をきちんと整理して元あったベッドの下に置いておいた、などというおせっかいな母親がいます。自分の大切にしている秘密の世界に無遠慮に入り込まれ、荒らされてしまった子どもは、大人になることを拒むようになるか、親への不信感から無茶で無謀な解放に走るか、強烈なトラウマ体験として一生、心の奥に罪意識を背負い込むか、というところに追い込まれます。いずれにしても子どもの健康な成長を阻《はば》む要因になります。

オナニーまで親がコントロールしようというのは、子どもの性的成熟に無理解を装っているに過ぎません。まだ早すぎる、子どもはそんな不潔なことはしてはいけません、と性的成熟や大人の性が不潔であるかのようにいう。自らも「不潔な大人」であることは棚に上げてしまっていて、これでは子どもが混乱して当然です。

性教育をしてはいけないということではありません。妊娠・出産、避妊などについて子どもにきちんと教えるのは大切なことです。大人の身体になって、セックスができるようになれば、子どももつくることができる。それなりの責任もともなってくるわけです。もう大人であるということを自覚させていくのが「子別れ」です。自分で判断できるように教育したら、与えられた性をどう使うのかについては、手を降ろして見守ることです。

実際には、親自身が性的に未成熟なので、子どもに性教育ができないことが多いと思います。情報に恵まれた今の子どもたちは、漫画や雑誌、ビデオや映画や友人たちとの会話などで学んでいるのではないでしょうか。

そうやって学んでいくのはいいのですが、逆に間違った思想を植えつけられる問題もあります。「イヤよイヤよも好きのうち」などといって、嫌がっている女性でも押し倒してしまうのが強くてかっこいい男だ、女性も本当はそれを望んでいる、というような間違った考え方を覚えてしまう。

親が身をもって示して欲しいのですが、「異性にやさしくする」という教育は何よりも大切なものです。夫婦や恋人は、お互いが異質であるからこそ結びつきたいわけです。父親が母親を、母親が父親を心から愛していることを示せれば、互いに異質な者同士が大切にし合うのが「性」だという意識が子どもの中に育っていくでしょう。

〈ルール3〉夫婦関係に子どもを巻き込まない

現代は、意外に性的生活が貧弱な人が多いように思います。情報はたくさんあって、欲情を刺激するものはあふれているのですが、異性を大切にし、異性と仲良くし、異性と気持ちのいい関係をつくるという「基本」がとぎれてしまっています。

スマートにベッドインできないと恥ずかしい、テクニックを誰かと比較されるのではないか、などといった妙な恐怖感から、そこを飛び越えられない人が多いのではないでしょうか。

最近の若い男性に性機能不全が増えているという話を聞きます。勃起はできても、なかなか射精しないのだそうです。いざ生身の女性にアクセスしたとき、緊張や恐怖や戸惑いがある。途中で萎《な》えてしまったり、挿入はできても射精にいたらない。セックスレスカップルも増えているといいますから、女性も男性と同じ状況なのでしょう。

これも「親教」のなせるわざだと思うのです。「個人」の境界が曖昧《あいまい》なために、自分を守る厚いバリアをつくってしまっている。母離れしていないと、相手にのみ込まれてしまう不安があるので、個人対個人の親密な関係を無意識に恐れます。一見、成熟した性行動をしているように見えても、本当に豊かな関係を結べていない人が多いのです。

子どもは親を見て学びます。夫婦関係が親密であれば、子どもも親密な関係を築いていくことを覚えていきます。夫婦が親密であるためには、一緒に楽しめる趣味を持つのもいいでしょう。片方はパチンコ、片方はカラオケではなく、夫婦が一緒に時間を過ごせ、なおかつ子ども抜きでやるものがいい。

いつも子どもが中心で、夫婦の会話は子どもをどこかへ連れていくときだけ、という家族では、子どもがなかなか「子どもの役割」から離れられません。子どもが父親と母親の間に立たされ、二人の会話をとりもつ。それでようやくつながりが保たれているという家族も少なくない。夫婦は子どもを介して話をするだけで、二人きりになると話すこともない。夫婦の間に情緒的な交流がないのです。

こういう親は、子どもにとって重荷です。夫婦関係に巻き込まれてしまいます。父親と母親が自分たちの世界を持っていて、「おまえたちはもう大人になったんだから、後は好きにやってくれ。私たちは私たちで楽しくやるから」ということであれば、子どもはサッサと親から離れて自分のパートナーを探すでしょう。

ところが、異性と情緒的なコミュニケーションをするのが下手な人があまりにも多い。今までの日本の妻たちは、ほとんど口をきかない夫でも「そういうものだ」と思ってやってきました。ですから、それを見て育った子どもたちには、異性間の親密なコミュニケーションのモデルがありません。

ある男性が、母親に、「お母さんは、お父さんにあんなに殴られたり、バカ、マヌケと罵《ののし》られていたじゃないか。ぼくはお母さんを守ろうと必死だったんだ」といったら、母親のほうは、「えーっ！　そうだったの？」と驚いたといいます。

箸の置き方が悪い、何度いったらわかるんだと父親が怒鳴る。母親が怒鳴られないように、父親の気に入るように、自分が箸を置き直したりしていたのです。味噌汁の温度がどうの、おかずの盛りつけがどうのと、非常にうるさい男だったようです。

ところが、母親のほうは、「お父さんも生活が苦しくてイライラしていたから」と反対に父親をかばっているのです。

この男性は、いまだに、実家で母親が父親に怒鳴られずに幸せに暮らしているかが気になってしかたありません。そして、まるで父親そっくりの、自分を罵る女性と結婚しています。奥さんは短気で支配的な性格の人で、彼を見ていると、その鈍さにイライラするそうです。

こういうのが当たり前のコミュニケーションだと思ってしまうのが間違いのもとです。自分のいたらなさを叱ってくれるのが愛だと勘違いしているのです。

親は、自分たちのあまりうまくいっていない夫婦関係の空虚さを子どもで埋め合わせようとしてはいけません。そうでなければ、いつまでも親離れ、子別れなどできようがありません。子どもはよくも悪くも、親の夫婦関係をモデルにしてしまうのです。

〈ルール4〉金は出さないが、口も出さない

経済的自立も大きな問題です。親離れ、子別れするといっても、義務教育が終わらないうちの子どもに経済的自立を求めるのは無理な話です。高校生になれば、アルバイトをして自分の小遣いくらいは稼げるようになるでしょうが、完全に自活することは難しい。大学に入って一人暮らしを始めて、学費から家賃から生活費まですべて自分で出そうとしたら、現実問題として学校には行けなくなる。学生生活が終わるまでは、親に経済的負担をかけることはしかたがありません。

私が親離れ、子別れの目安の一つが一五歳だというのは、この経済的自立の問題があるからです。一五歳で義務教育を終え、進学しなければ社会人となります。働くことができますから、経済的にも自立できます。だから目安になります。

けれども多くの人は、義務教育がすんでも高校や専門学校へと進学します。奨学金を受ける場合は別にしても、勉強するためにかかる費用は当然、親からの援助を受けることになります。学生生活が終わるまでは、経済的に親から自立をはかるのは難しいわけです。

だったらどうするか。一五歳までにとりあえず精神的な親離れ、子別れをし、学校を卒業して働くようになったら経済的な親離れ、子別れをすればいいのです。「学校を卒業するまでは金の面倒はみるが、おまえ自身の面倒まではもうみられない。もう大人なんだから自分のことは自分で責任を持って行動しなさい」と突き放して見守ればいい。「一五歳までは子どもだから、おまえのことは親として責任を持つ。しかし一五歳を過ぎたら、お金の問題以外は私たちの責任じゃないよ」と前もっていっておくのもいい。

大切なのは、一五歳までに精神的に親離れ、子別れできているか、ということです。

本来、親が元気で金持ちで、働く必要がないというのなら、一生、親に養ってもらっても別にかまわないのです。「私は親に金を出させて、自分のやりたいことを追求しよう」というのなら、親に要求してもかまわない。それで割り切って、精神的に自立できればいいのです。経済的には自立していても、情緒的には親子がべったり密着していて、精神的自立ができていない人がいくらでもいます。こちらのほうが多いのが問題なのです。

普通は、やはり親に養ってもらっているうちは、なかなか親離れした気持ちにはなれません。親のほうも、いつまでもスネをかじってくる子どもから身を守らなければと思えば、「老後のために貯金したいから、おまえも自分で稼げ」といえばいいのです。

ボーイフレンド関係にいちいち口出ししているような親は、子どもに、「おまえは何の判断能力もない子どもなんだから、いつまでも親のいうことを聞いていろ」といっているのと同じです。これを続けていれば、いい歳をした子どもに、「私は何の能力もない子どもなんだから、お金ちょうだい」といわれても仕方がありません。このままでは一生細いスネをかじられるなと感じたら、子どもを子ども扱いするのはやめて、「それくらい自分でやれ」「自分で稼いで自分で決めろ」という方向性を与える。

親の趣味の問題もあって、「私はいくらでもお金があるから、金も出すけど口も出したい」という人もいるかもしれません。その場合は、今度は子どものほうの問題になってきます。「口を出されるのを我慢して、金を出してもらう」のか、「口を出されるのはイヤだから、金も拒否する」のか、子ども自身が決めればいいわけです。

私は、「金は出すが、口も出す」より「金は出さないが、口も出さない」ほうがいいと思うのですが。

〈ルール5〉物理的な距離を取る

次に物理的な距離の問題があります。ある程度の年齢になったら、家離れをするのはいいことでしょう。それまで食事の世話も洗濯も掃除も、何もかも親にやってもらっていたのが、すべて自分でやることになります。自分の世話を自分ですることを覚えるのは、親離れにつながります。

家を出て、口うるさい親から逃れてせいせいして、だんだん家に寄りつかなくなり、親は寂しい思いをしながら置き捨てられていく。「たまには帰ってきておくれ」「たまには親に顔を見せてやるか」とやっているほうがいいわけです。

私の見ている限り、「**出ていったら戻ってくるな**」という親より、「**おまえはうちの子どもだよ、いつ戻ってきてもいいんだよ**」**という親のほうが、子どもが早く親離れします。**前者の家の子どもは、いつまでも親にしがみつこうとします。親の愛情を十分に受けたと感じられない子どもは、家を離れると親に見捨てられるように思えて、親のそばを離れられなくなるのです。早く家を出ていってもらいたかったら、子どもの頃は十分に関心を持って、子どものしたことをほめてあげることです。

親は、子どもの世界ができあがり、子どもが大人へと脱皮する時期がきたら、適当なところで距離を置き、子どもの判断を尊重するように切り替えます。そして子どもが出ていく時期がきたら、「いつでも帰っておいで」といって部屋を用意しておくと、安心してサッサと出ていきます。いつでも帰れると思うから帰ってこないわけで、健康な親離れ、子別れができている証拠です。

子別れできない親は、ここで「うちにいればいいのにどうして出ていくの」と子どもを引き止める。あるいは「出ていってもいいが、帰ってきてはいけない」という。これでは子どもはいつまでたっても親離れできないままです。**親は、寂しいのは当然だ、子どもが出ていってせいせいした、やっと自分のやりたいことができる、と思っていればいいのです。**

ただ、焦って早すぎる家離れをして、かえって失敗する場合もあります。悪い仲間を頼って家出して非行を繰り返したり、早すぎる結婚で家を出ようとしたりする。こういう場合、たいてい、親が過干渉で息苦しいのです。親の価値観を押しつけてきて、「このままでは自分らしさが窒息してしまう」という危機感があるときに、子どもは無理してでも家を出ようとします。

けれどもまだ未熟で、自分で稼ぐ能力がなければ、親から離れても結局、他の者に依存するしかありません。それが悪い仲間や悪い大人であれば、またそこでも傷つくことになります。自分で生計を成り立たせていく力がない状態での家離れは、たいへん危険なのです。

子どもが早すぎる家離れをしたいというのは、「こんな家はイヤだ」「ここには私が安心できる居場所がない」というサインです。親は、子どもに安全な家庭を提供できていないことに気づかなければなりません。

〈ルール6〉あれこれぶつかりながらバランスをはかる

親と同居したままでも、精神的に自立することはもちろんできます。今まで述べてきたように、親の領域と子どもの領域を分けて守ることです。親子といえども、きちんとノーをいえる関係をつくっておかないと、距離が近くなり過ぎてしまう。

たとえば、同居していても、そのうち子どもに配偶者がやってきます。孫が生まれれば子育ての援助の問題も出てきます。親が子どもに侵入するのではなくて、子どもが親に侵入する状況も出てきます。

せっかく子育ても終わったと思って、自分の趣味や旅行を楽しんでいたのに、「お母さん、お願いします」などといわれ、孫の保育所代わり、世話係にされて、不満がうっ積してしまう。「私ばかりに頼らないで自分でやったらどうなの」と、姑や舅と配偶者の仲が険悪になることもあります。

親子であれ、同居人であれ、個人と個人のつき合いだという距離がきちんととれていないと、いろいろな問題が起こってくるのです。しかし、距離の問題は、口でいうほど簡単ではありません。「こうすればよい」という一つの解決策があるわけでもありません。あれこれぶつかって、それぞれがバランスをはかっていくしかないのです。

〈ルール7〉親は「ある程度」の一貫性を持つ

家離れに限らず、早すぎる子別れはよくありません。子ども時代は、たっぷり親に甘えて十分な愛情を受け、たっぷり「子ども」をやってこそ、健全に成長し、スムーズに親離れできるのです。子どもっぽい親を持った子どもは、子どもの頃から親の面倒をみたり心配をしていますから、「親」性は高まりますが、自分の子ども時代が飛ばされてしまいます。

アルコール依存症の父親を持った子どもは、子ども時代を喪失します。

シラフのときは無口で謹厳実直な父親をやり、母親は父親にあわせてオドオドしている。ところが、父親は酔っぱらうと暴力をふるい、母親もそれに対抗して激しい闘争になる。こういう親の姿を見ている子どもは、全く混乱してしまいます。酔っぱらったときとシラフのときとでは、二つの違う人格が出てくるのですから、子どもにとってはモンスターと一緒に住んでいるようなものです。こんな親にはとても面倒をみてもらえないと思うので、子どもの頃から「親」をやってしまうのです。

このような家庭で育った子どもの場合、一見、「親」性が高く、大人っぽいしっかりした子のように見えても、自分の子どもらしい欲求が満たされていません。子ども時代の喪失を嘆《なげ》くグリーフ・ワークがすまないと、健全に機能する家庭をつくることは難しい。

健全に機能している家庭というのは、親にある程度の一貫性があります。一貫性というのは、「常に意見が一致している」こととは違います。人間、それほど矛盾なく筋が通った存在ではありませんから、いいかげんならいいかげんでよいのです。

子どものほうはちゃんとそれを見ていて、「またそのときの機嫌でしゃべってるよ」と思う。親といってもまぁそんなものだと観察して、健全に成長していくわけです。第1章で「ほどよい母親（グッド・イナフ・マザー）」といいましたが、「ほどほどの一貫性」があればよいのです。

〈ルール8〉人との勝ち負けを重視しない

友人との比較・差別なども、親は無神経にやってしまうものです。皆無というわけにはいかないでしょうが、少なくするに越したことはありません。子どもの能力などについて、あからさまに比較したり非難するのはよくありません。

子どもには子どものペースがあります。ものの覚え方も、時間のかかる子と、そうでない子がいます。時間のかかる子はできが悪くて、サッと覚える子のほうが能力があるかというと、そうともいえません。時間のかかる子は、自分なりに納得するまでつきつめる粘り強さを持っていたりします。器用にテストでいい点をとらなくても、興味のあることをじっくりやるタイプかもしれません。

それぞれの子どもにそれぞれの長所と個性があるので、親の価値観で「この子はダメだ」と決めつけるのは間違っています。伸びるところが必ずあるのです。また、伸びる長所を親が勝手に決めつけるのも危険で、親はただ自信をつけさせることに専念すればいい。

「あなたには価値がある」という意識を子どもに持たせれば、子どもは自然に自分の得意な分野を伸ばしていきます。「あなたには価値がある」と自信をつけさせることと、「おまえが生きがいだ」というのとは違います。「おまえが生きがい」となれば、子どもが親を背負い込むことになる。そこは区別しておかなければなりません。

勝ち負けを第一において、いつも比較競争させるのもよくありません。

「近所の○○ちゃんに比べておまえのほうが勝った」

「○○ちゃんに負けないようにがんばりなさい」

すべてにおいてそれでは、何事も勝つことが第一の目標になってしまう。勝つことだけが目標では、勝つことにしか楽しみが見出せない。やっていることが楽しくて、その結果、勝てばうれしいと思えることが自然な感情の流れなわけです。勝ったときには、「よかったね」と一緒に喜び合う。子どもの誇らしい気持ちや悔しい気持ちに共感することが大切なのです。子どもが勝ったときに「ほめる」というエサを与えてさらに勝つ喜びを求めさせようというのは、動物園のイルカに芸をしこむようなものですが、子どもが喜んでいるのを見れば親もうれしい。一緒になって喜ぶ。子どもがいい点をとってうれしそうに帰ってくれば、「よくやったね、がんばったね」といってあげたいのは当たり前の気持ちでしょう。

きょうだい間の比較も、親はどうしてもしてしまいがちです。子どもはみんな平等にかわいいというのが理想ですが、親の本音をいえば「長男より二男のほうがかわいかった」「二女とはどうも相性が悪かった」ということはあります。

二女が生まれて親の愛を奪われた長女は、大人になって自分の子どもを産んだとき、二女として生まれた子どもがのさばるのを警戒するようになります。自分と同じ立場の長女を子どものときの自分に同一視してひいき目に見てしまう。このようなことは、親は認めたがらないものですが、よくあることですので、なるべく早く気づいて、子どもとの接し方を変える必要があります。

二女が産まれたとき、長女と一緒に二女の子育てを楽しめる。「妹にお母さんを奪われた」という不安を長女に感じさせないように抱きとめてあげながら、二人とも分け隔《へだ》てなくコミュニケーションをとる。「お姉ちゃんのほうができる」「おまえのほうがかわいい」と比較したり、張り合わせたりしない。このように育てられた子どもは、他人も自分も平等に愛せる人間に成長するでしょう。

比較の少ない人は、生きるのが楽です。「他人は他人、自分は自分」と思えると、あれこれの世間的な評価にとらわれず、本当に自分の好きなことが追求できます。こういう人は、自分にそこそこ満足していますから、他人のよさも正しく評価できますし、自分が得意なことや不得意なことも、わりあい正しく把握できます。これが自分の能力をさらに発展させていくことにつながります。

世間の評価や比較の目に苦しむ人は、自分の満足する人生をなかなか送れません。他人の評価も自分の評価も歪んできますから、自分の持っている能力を社会で発揮することが困難になります。

男の子だから、女の子だから、という比較・差別も必要ありません。

「おまえは男の子なんだから、泣いちゃいけません」

「女の子なんだから、おとなしくしていなさい」

というのはおかしい。男も泣きたいときがあるし、女も怒ってケンカすることもある。自然にわいて出る感情を押し殺す必要はないし、ましてや、親が抑えるものではありません。性の違いなどは、時期がくればひとりでに開花してくるものです。

「男だから」「女だから」といって自然にわいてくる感情を抑えつけてしまえば、他の感情も出せなくなってしまう。他人の評価や顔色や態度にばかり気を遣うようになってしまう。そのうち、自分の中にあふれんばかりの感情があることさえ忘れてしまうのです。感情に男も女もありません。豊かな感情表現は、人間にとって最高の財産です。

〈ルール9〉自分の人生の不満を子どものせいにしない

親のやり残したことを子どもに期待して託《たく》したり、子どものせいで自分の人生を奪われたと愚痴をいうのはもっとも危険なことです。

テレビに出ている女優を見て、「ほら、お母さんもこの人と同じ劇団にいたのよ。おまえが産まれたからやめたんだけど、おまえがいなかったら、お母さんは今頃この人みたいになっていたかもねぇ」などという。子どもにとって、親に「おまえがいなければ」といわれることほどショックなことはありません。自分の存在を否定され、生まれてきたことに罪を着せられている。勝手に産んでおいて、親の人生を台無しにしたといって一方的に責任を負わされたのでは、たまったものではありません。

劇団をやめて子どもを産む決断をしたのは本人なのですから、その責任を子どもに押しつけてはならない。人気女優になったかつての友人と、子どもを産んで主婦になった自分を比較して悔しがる。そういう姿を見せるのも、子どもの人生を狂わせます。

「お母さんは、昔、この人と一緒にお芝居をやっていたのよ。でもあなたを産んで、あなたに会えてよかったわ。こうやって、昔の友だちがテレビに出ているのを見ながら、あなたとお茶を飲んでのんびり過ごせるなんて、なんて楽しいんでしょう」

と、自分の人生を楽しんでいる親の姿が、子どもにとってもうれしいのです。

「子どもさえいなければ」とあたりかまわず愚痴をたれ流す人は、もし子どもを産まずにキャリアを追求していたならば、今度は、友人の産んだ子どもを見たときに、「あぁ、私も子どもを産んでおけば」とまた愚痴をいうことでしょう。

他人との比較ばかりしていると、すべての欲望をやり残さずに追求するのはとうてい無理です。無力で影響を受けやすく、反論もできない子どものせいにするのは一番簡単ですが、一番やってはならないことです。

〈ルール10〉「等身大のモデル」になる

自分とかけ離れた理想を持つことは、決してよいこととはいえません。むしろ、現実の自分に近い理想を持てるほど効果的です。子どもに、実現不可能な遠い理想を追いかけさせるような教育をすると、いつか必ず破綻がきます。今の自分よりほんの少し高い目標を設定できる、ほどほどの向上心が一番よいのです。

子どもが生き方のモデルにし、真似をしていくのは親の生き方です。けれども、子どもが仰ぎ見てひれ伏すようなモデルである必要はありません。背伸びしない、等身大のモデルで十分なのです。

昔は、「王様」と称する雲の上の人間と民衆とに分かれていましたが、今はそのような距離がなくなってきました。アイドルといっても、昔のように手の届かない銀幕のスターではなく、そのへんに身近にいそうな人が人気が出ます。知的エリートも、他者を心服させるような人はいなくなって、等身大に近づいてきています。生き方のモデルが、自分に近づいてきている。

私は、それでいいのではないかと思うのです。誰かを神のように崇《あが》めて、誰もが「へへーっ」とひれ伏してしまうような社会は危険です。

歴史的に見ても、**すばらしい英雄が出る時代は、ろくな世の中ではありません。英雄がいない私たちの時代は幸福といえます。**強力なリーダーを求めない人というのは、自信のある人でしょう。ろくでもない人物を教祖に祭り上げて、殺人教団をつくってしまうのは、親を求める病気としかいいようがありません。

「あの人は、いろいろ欠陥もある普通の人間だけれど、私のモデルになれる人だ」

「あの人はなかなか尊敬できる人だが、今いっていることは、私の考えとはちょっと違う」

と思えるのが健全なのです。自分で考えることで自分に自信が生まれてくるのです。

親が注意すべき点をいくつかあげてきましたが、子どもがある程度の年齢になったら、子別れのための「セレモニー」をするのもいいのではないでしょうか。

中学から高校に上がる頃にでも、「このあたりで、私たちの親としての役割はだいたいすんだよ」ということを示すセレモニーをする。

家族みんなで外で食事をするのもいいでしょう。その日は「大事な日だから」といって父親も会社から早めに帰り、みんなで向かい合って親離れ、子別れを喜び合う。

「おまえももう高校生（あるいは大学生、あるいは大人）だから、これから私たちは何もいわない。何事も自分の責任でやりなさい」といい渡すわけです。

子別れといっても、何も全く関係のない赤の他人になろうというわけではありません。子どもが相談したいことがあれば、人生の先輩である親にするのもいい。就職のことで迷っていたら、社会経験のある親が相談にのる。さまざまな方向性、選択肢を与え、一緒に考えた上で、最終決定は子どもにまかせればいいのです。

責任はもうあなたにあるのだということをはっきりさせて、親の管理下にあった「子ども」から、お互い責任のある「大人」同士のつき合いを始めるのです。

〈ルール11〉「あばたもえくぼ」でいい

親の仕事はとにかく子どもを「無条件に愛すること」です。子どもをよくしよう、できるようにしよう、きちんとしつけよう、良い子にしようなどと考えなくてよいのです。まず、無条件に受け入れる、無条件にかわいがる。

「おまえは器量よしだからかわいい」という「条件付きの愛」は、子どもに歪んだ認識を植えつけます。顔がかわいいからかわいい、というほめられ方をして育った子どもは、かわいい人は愛され、そうでなければ愛されないという信念を持つようになります。器量よしであることを前提に生きなければならなくなる。

ほめられるならまだしも、「おまえは器量が悪いんだから勉強くらいできないとみんなに笑われるよ」などといわれてしまった子どもは、生きにくくてしかたがない。

ひどい言葉ですが、親からこのようにいわれた経験を持つ人は意外にも多い。親は何気なくいっているのでしょうが、こうした言葉が、どれだけ子どもの心に影を落としてしまうか、全く気づいていません。親自身、自分の親から器量が悪いといわれたことがあるのか、勉強ができなかったのか、それを悔しいと思っているのか、自分の子どもにだけはいやな思いはさせたくないという、親だけが思っている「ありがたい親心」からなのかはわかりませんが、それが子どもの健全な自尊心を傷つけてしまっていることに気づかない。

親がこのような無意味な条件をつけてしまうことで、子どもは本来の感受性豊かなあるがままの自分を愛するという当たり前の気持ちを失ってしまいます。**美人であろうがなかろうが、神童であろうがなかろうが、泣き虫であろうがいたずら好きであろうが、親は「あばたもえくぼ」というかわいがり方をするのが本当**なのです。

容貌、地位、経済力など、外的な特徴で自分の特殊性を主張する人というのは、結局、自分の弱さを主張しているに過ぎない。それを失ったらどうなるかといつもビクビクしている。もちろんそういった外的な特徴も、その人の個性の一部です。けれどもそれを第一にしたり、それだけに自分の価値を頼るのは、あまり楽ではない。

〈ルール12〉「たっぷり愛された」という子どもの確信を育てる

親は、その子の個性そのものに目を向け、自信を持たせたいものです。何もできなくても、何か誇りがある、というのがいい。学校に通うようになったり、社会に出ると、さまざまなことで比較されたり、逆境におちいることもあるでしょうが、健全な自己愛を持った自己評価の高い人は、それをよい経験に変換していける「しなやかな感覚」を持っています。誇り高く生き生きと、今ある現実を楽しむことができる。そういう人間を育てるのが親の仕事なのです。

「あなたはかわいい、そのままのあなたでいい、あなたはそのままで愛される価値のある人間だ」とすべてを包み込んであげればいい。無条件の愛を注ぎ、「根拠のない自信」を持ってくれればいいのです。「自分はブスだ」「自分はダメだ」という思い込みが客観的評価と無関係であるように、「自信」というものも根拠のないものです。

「自分はこのままでいいんだ」と思えれば、あるがままの自分が他人に愛され、受け入れられていることを当然と思えます。現実を生き生きと楽しむ自信が持てるのです。


二・二六事件で暗殺された高橋是清《これきよ》という大蔵大臣がいました。日本の大蔵行政の中心になった人です。

彼は、江戸幕府のお抱え絵師と侍女との間に生まれた嫡外子で、足軽の高橋家に里子に出され、この家の祖母にとてもかわいがられました。赤ん坊の頃に、かなり大きな菓子屋から養子にという話もあったのですが、この祖母は是清がかわいくてしかたなく、手離せずについに高橋家の実子として届け出たといいます。

彼は終生にこにこした明るい楽観的な人物で、人に憎まれない性格でした。その性格を形づくったのは、子どもの頃のこんなエピソードにあるらしいのです。

三〜四歳の頃、稲荷《いなり》で遊んでいると、藩主の奥方が参詣にきました。そこへ是清が這《は》い出してきて、奥方の着物をつかんで、「おばさん、いいべべだ」といったというのです。奥方が「かわいい子だね」というと、是清は奥方の膝の上に這い上がってしまった。その夜、奥方が、「明日、あの子を連れてくるように」といいます。

周囲の人は、何かお咎《とが》めでもあるのではないかとビクビクし、決して裕福ではない高橋家では大騒ぎして、手元の品を質入れまでして衣服を整えさせ、お屋敷に参上しました。すると、お咎めどころか、逆にたくさんの品物をいただいて帰ってきたというのです。

足軽の子どもが殿様の奥方に目をかけられるというのは、たいへんな出来事だったに違いありません。是清はそれ以来、周囲からいつも「おまえは幸福者だ、運がいい」といわれて育ちました。

「それが子ども心に自分の耳にも残った。自分は幸福者だという信念が、この時分から胸中深く刻み込まれてしまった」「どんな失敗をしても、窮地に陥っても、自分にはいつか強い運が向いてくるものだと気楽に構え、前向きに努力した。今になって考えれば、これが私を生来の楽天家にした原因じゃないかと思う」

是清は自伝にこのように書いています。

是清は、軍部に対して平気でものをいうところも、大衆に人気があったといいます。

こうしたものおじしない愛される性格は、やはり子どもの頃、たっぷりかわいがられたからでしょう。オレはしょせん下級武士の子だ、嫡外子だから、といったひがんだ考えも持たなかったようです。

当時の感覚からいえば、それほど高い教育を受けられる身分ではないと思うのですが、アメリカに留学して勉強しました。よく確かめないで奴隷として働く契約をしてしまったりと、なにかと苦労もあったようですが、いつも誇りを失わなかった。「オレは大丈夫だ」という気持ちが常にあったのでしょう。

自らやりたいことを実現するためなら、どのようなことでも耐えることができるし、他人のことも気にならない。「自分は何がしたいのか」もはっきりしてきます。

「根拠のない自信」というのは、結局、「私はたっぷり愛された、愛される存在だ」という確信なのです。勉強ができなくても、美人でなくても、親に愛された。それが、何があってもものおじすることのない自信につながります。ものおじしない子は、おどおどした子よりずっと人と接する機会が多いため、ますます確かな「愛される」自信をつくっていく。こうしたよい循環の基礎をつくるのが親なのです。

「親バカ」といいますが、親は親バカでいいのです。うちの子が一番かわいい、他人が見てもかわいいのは当たり前だくらいに思っているのがいい。

「こんなにかわいい子じゃ、神様が早く連れていってしまうのではないか」などと心配する。他人から見たら「大丈夫だよ、そんなの連れていかないよ」と忠告したくなるような子でも、親はそう思っている。こういう家庭の子は健康に育ちます。

親というのは本来そういうものではないでしょうか。人間が二足歩行するのは当たり前なのに、「立った、立った」「歩いた、歩いた」といって大騒ぎする。「よくできた、よくできた」といっておだてる。

「おまえは愛されて当たり前なんだ、大事にされて当然なんだ。そうじゃないという人がいたら、その人のほうがおかしい」とかわいがり、**「自分は幸福で運がよい」と子どもに思い込ませる。親の仕事はこれにつきるのです。**

こうした母親的な無条件の愛は、必ずしも現実の母親だけしか与えられないわけではありません。父親も与えられますし、社会が与える場合もあります。

母親が妊娠中に罪を犯して刑務所に入り、子どもは乳児院で育ったという場合、看護師を始めとする多くの人がみな「母親」になります。その子たちが、本当の母親に育てられた人より寂しい思いをするかというと、必ずしもそうとは限らない。そういう環境の中でたっぷり愛されて、豊かな心が育つ人も数多くいます。

高橋是清も、実母とは縁が薄かったのですが、幸福な大人に成長したのです。

自分の欲求を充足させるということ

「自惚《うぬぼ》れ」といいますが、自分に惚れることができないと、健全な誇りが持てません。ただ、自分だけが偉くて、自分だけが愛されるのが当然で、「おまえらは愛されなくていいのだ」というのはおかしい。また、無力な人が、「私はなんでもできるすごいやつだ」というのも自惚れとはいわない。それはただの勘違いです。

私たちは自惚れながら、自分の快楽を求めて生きてよいのです。自分の欲求を充足させたいと思うのは、ごく自然なこと、健康なことです。そして、その欲求の最初にくるのが他人との関係で安らぎ、他人に受け入れられるという快楽なのです。自分が求めている人を傷つけてしまっては、欲求を満たすこともできないし、快楽どころではなくなってしまう。それがわかっていれば、自然に、自分を大切にしてくれる人を大切にするようになる。そこに調和が生まれるのです。

その調和点は二人関係の中で決まっていくもので、誰もがこのようにしましょうというマニュアルがあるわけではありません。家族関係でも同じです。マニュアル化してしまうと、マニュアルどおりの「にこにこ家族」を演じなければならなくなる。

夫が食事の用意をして、妻が外に出て稼ぐ。夫はパソコンで仕事をする在宅勤務だから育児を担当する。そういうふうに、いろいろな形の家庭があっていい。

どうも異性とは相性が悪いというなら、女同士で暮らしてもいい。単なる部屋の分かち合いでも、性的な関係を含む同居でもいい。男どうしもありえます。女性にはぬくもりを感じない、男性との関係を大切にしたいという人は、気の合う仲間を見つけて男同士の家庭をつくる。誰もが、家に帰ったらパートナーがいる、という安らぎを求めるのは当然ですから、異性にそれが求められない人は、同性でいいのです。

他人といつも一緒では落ち着かない、一人の時間や空間を大切にしたいと思う人は、無理に同居する必要は全くない。パートナーとの生活はときどきということにして、普段は一人で暮らしてもいい。ただし、パートナーもそれを望めばの話ですが。

こうした多様な家族の形や、個人の生き方が当たり前になっている社会のほうが、良い社会だと私は思います。現在の日本のように、法が認めた唯一の夫婦関係があって、それ以外の男女関係の中で生まれた子どもは差別するような社会がよいとは思いません。家族形態においても、選択肢は多いほうがよい。

最後に、マリさんという女性から届いた手紙を紹介します。彼女は以前、過食症で悩んだ経験を持っていて、そのとき私と出会いました。今では私の運営するクリニックの職員となって、現在、過食症で苦しんでいる女性たちの回復を助けています。

ある仲間からの手紙

斎藤先生。

最近私は、もう一度自分を振り返ってみたいと思うようになりました。久しぶりに先生に手紙を書きたいと思います。

私は先生とは約七年前に出会っていますが、スタッフとして診療所でお世話になっている今日まで、とかく先生と距離をとろうとしてきたように思います。先生の私に対する評価が怖かった、というのが正直なところです。自己評価の低かった（今も高くはないです）私は、斎藤先生には私の本質が見破られてしまって、表面はうまくだましていても、中身は価値のない、あるいはごくごく普通の（普通じゃ嫌でした）人間だということがわかってしまうと思い、傷つくのを避けるために離れていたのだと思います。でもこのころになってようやく先生に自分のことをちゃんと知ってもらいたいと思うようになりました。

自分を振り返ってみたいと思う理由は、バカげているとは思いますが「私は過食症になる資格があったのだろうか」という疑問にもう一度自分なりの答えを見つけたいと思ったからです。

麻布でいろんな人の話を聞いていると、みんな、悲惨で苛酷な子ども時代を経てサバイバルしているなと思います。そんな中で「私の子ども時代はそんなに悲惨で苛酷じゃなかった」という思いがあり、「それなのに過食症になっちゃってよかったの？」という孤独感が膨らんできていました。私の英雄物語はひとりよがりの偽物なんじゃないかと不安になっていました。

「できすぎた子」というレッテル

私は今、三二歳になったところで、三人兄妹の真ん中として育ちました。兄は子どものころ身体が弱く、ミルクを吐いてしまったりアトピーがひどかったりと、手のかかる子で、母は心配が先に立ち、兄をかわいそうと思う暇がなかったと言います。兄は現在自動車会社に勤務、二四歳で結婚し（一九〇センチの兄は実業団のバスケットの選手でした）今は七歳と五歳の子どもの父親です。

兄の次に産まれた私は、身体が丈夫であまり泣くこともなく、とにかく手のかからない子どもでした。父が私をかわいいと思ったことはもちろん、母との関係が薄かった私には意外なことに、母も私をすごくかわいいと思ったそうです。母はあまりかわいいと思えなかった兄に対する引け目もあって、私を抱くことをしなかったと言います。私は父と母の子にしては「できすぎた子」というレッテルを赤ちゃんのころにすでにはられ、これはその後ずっと続きます。

妹は太っていて大きな赤ちゃんでした。私が物心つきはじめる三歳のころにはすでに妹の世話ばかりやいていました。かわいいから、とかなんとかより、世話をするのが当然で、世話をせずにはいられない私がすでにあったと思います。後に聞いたところ、母はこのころ東京から大阪に引っ越して、なれない土地と関西弁でウツっぽかったそうです。私にとって母の不在と妹の面倒を必要以上にみてしまうのは、この辺が最初のきっかけだったのだろうと思います。「大きくなりたくないからごはん食べない」と言っていた甘えん坊の妹も、今では結婚して一児の母です。

いつも真剣な顔

私の幼いころはというと、私はずっと手のかからない子で、幼稚園や小学校にも喜んで行き、ヤマハの音楽教室にも行きたがる活発な良い子として育ちました。ただ母が言うには、いつも真剣な顔をしていたそうです。事実私はごく幼いころから、毎日が一生懸命といった感じで、ほとんど笑わない子でした。

遊びも楽しいというよりは、真剣になにかをやるといった感じで、遊びの中にコントロールやパワーゲームの要素がすでに入っていたと思います。お人形をお風呂にいれるとか学校ごっこ、校庭のブランコやすべり台を全部こなす、友だちとどちらが先にこのヘイから飛び降りられるか、どっちが早く逆上がりができるか……。そしていつも私はだれよりも早くできなきゃいけないと思っていました。

だってそれが私なんだもの、とにかく私はできなくちゃいけない、他のだれかはできなくてもいいけど私はできなくちゃダメ、なぜって私は「特別な子」なんだから……。

バドミントンが兄と同じようにできないと、泣きながら練習しました。ちょうちょ結びがちゃんとできるまで何度もやり直しました。記憶にはないのですか、二歳の私はパジャマのボタンかけを自分で練習していたそうです。できなくてもいい、とか、まだ小さいから今はできない、とか、そういう発想は私にはありませんでした。

大平原にポツンと一人でいるような恐怖

家族も私のこういう負けん気の強いところを長所と思い、放っておきました。真剣さとか、できなくちゃいけない、勝たなくちゃいけないというのには「特別な子」という自意識がありました。でもそれは私に力を与えるものではなく、大きな孤独を与えるだけでした。

私は本当は毎日泣きたかったのです。それでも当時は、自分が泣きたいということもわからず、孤独を孤独と名づけることもできず、ただ「なんだかしんどい」「なんだか心配」「明日がくるのが怖い」そんな感じ方でした。自分の感じていることを親に伝えることができず（何を感じているのかわかりませんでした）、ただ無性に家族の輪とか家を欲していたように思います。そして家族の頼りなさも同時に感じていたんだと思います。私には三六〇度の大平原にポツンと一人で立っているような恐怖が広がっていました。だれも私のそばにいない、道を示してくれない……。

私は物心つくころからすでに自分でルールを作り出し、それを親代わりにしていたんだと思います。そして一方で両親と兄妹に囲まれた幸せな私が寂しいわけがないと思っていました。この辺の否認が、「自分の感情に自信がもてない」という形でずっと残ったんだと思います。

母との記憶がない

六歳のころ私はＳＯＳを出しています。学校に通い始めた私は、忘れ物はないか、宿題は何だったか、毎夕友達に電話で確認しないと不安でいられないのです。夕方になると一人でメソメソしていました。母は電話代がかかるから走って行って聞いてらっしゃいと言い、暗くなった道を友だちの家まで走ったことが何度かありました。私の不安を母に気づいてはもらえませんでした。

それからカンニングです。小一〜二年のころ、「いけないこと」とわかっていながらどうしてもやめられず(不思議と先生にしかられた覚えはないのですが)、夜、父と母が寝てしまってから、布団を抜け出して母のまくら元に行き「今日またカンニングしちゃった」と懺悔《ざんげ》し、それから心が少し軽くなって眠りについたものでした。

小二の時、担任の先生から「お母さんと一緒にお風呂に入る」ことを勧められ、一度母と一緒に二人だけでお風呂に入った記憶があります。子どものころはいつも兄妹と父とで入っていました。たぶん母と担任とで話をしたのだろうと思いますが、母は覚えていません。私は母とお風呂に入って、不思議と安心感を得たことを覚えています。その日は宿題も忘れ物も気になりませんでした。でも、母が楽しそうだったとは思えませんでした。そして、母とのお風呂は一度で終わってしまいました。

私が小学二年生まで私たち一家は大阪で過ごしました。その後東京に引っ越し、父方の祖父母と暮らすことになります。大阪にいたころは、とにかく母との接触が少なかったと思います。母を求めていたはずなのに、母の記憶があまりありません。妹が母親っ子だったので、自然に私は父のそばにいる子になっていました。父が三人兄妹の中で私を一番と思っているのはわかっていたし、私自身、父親っ子だと思っていました（本当は母を求めていました）。

父の名誉をばん回するのは私しかいない

小二の時、私には会った覚えのない祖父母と私たち一家の生活が始まりました。祖父は「営業の神様」と呼ばれるほど仕事熱心で優秀な人で、貧乏から一代で出世を果たした人です。祖母はきれいな人でしたが気が強く、偏屈で、子ども嫌いでした。祖父母の個性と圧力と存在感があまりにも強く、私たちはいつも小さくなって暮らしていました。私も妹も友だちを家に呼ぶことを遠慮するようになりました。母の帰りが五時を過ぎたからと祖父母が母をしかりました。

父も祖父母に頭が上がらず、また父自身アダルト・チャイルドなので感情表現ができず、いつも不機嫌な人でした。緊張の高い家庭でした。

大阪にいたころから両親の仲は良くはなかったのですが（当時はわかりませんでした）、東京にきてからの母は私の目に、弱々しくて不幸そうに映って仕方がありませんでした。嫁の不幸を全部しょい込んでしまったようでした。母はこのころ私にグチをこぼしたりしていません。それでも母が幸せでないのは明らかでした。母の、父方の親せきに対する恐れがそのまま私に注入され、親せきが集まる時には私もひどく緊張し、嫌悪感で一杯でしたが、母も同じ危機にいるかと思うと、私はしっかりして母を助けなければと思い、しっかりしたよく気がつく子を演じ続けました。

父が祖父から敬意を払われていないことを瞬時に読み取った私は(祖父に会う前からわかっていたような気もします)、父の名誉をばん回するのは私しかいない、と思いました。そして祖父にも「マリは頑張り屋だ」と褒められますが、私が褒められたというより「これで私たち一家(父が作った家族)の株を上げた」という感じでホッとしました。小学生のころから一家を背負っていました。

良い子の息切れ

家でしんどい思いをしている私でしたが、小学校ではいつも人気があり、勉強も運動もできたので学級委員をしていました。このころ楽しいこともたくさんあり(人気があればそれで大満足なのです)、子どもながらに、人生の絶頂期なんではないかと思いました。たぶんコントロールがうまく効いて、なんでも思うようになった時期なのだと思います。うまくいき過ぎている感じがありました。

その通りで、中学生になるとだんだんかげりが見え始めます。「良い子の息切れ」が少しずつ始まっていました。完ぺき主義の私は、中間や期末の試験ごとに勉強のスケジュールを決め、赤線で消しながらこなすという勉強のし方でした。決めた通りに事が進まないと、怠け者の自分を責めました。

日記をつけていて、今日の私がどんなだったかを三段階で点数をつけたりしていました。このマークは、楽しかったとか嫌なことがあったという意味でつけたものですが、このころの私は、「楽しい」イコール思い通りにいく、「嫌なことがあった」イコール今日の私はダメな私、というものだったので、まさに自分を採点していたのです。そしてたとえダメ・マークでも、採点を終えた私は今日の私のすべてを把握したような気がして、明日はもっとがんばろうという向上心が生れて気持ちいい感触を味わったものです。あいまいさや憂うつなまま一日を終えることを自分に許しませんでした。

このころ私は悩んでいました。「ありのまま」というのはいい意味で使われるし、「向上心」というのもいいことだ。でもそれらは相反すると思うけど、どちらがいいのか……。正しいことは何か、正しくないのはどっちか、そんな思考方法しか持っていませんでした。自分はどうしたいかなんてことを考えることを思いつくこともできなかったようでした。だいたい「ありのまま」なんてさっぱりわかりませんでした。

このころは男の子にもてた私ですが、実際に告白されたりすると、私もその子が好きだったにもかかわらず、急にその子を軽べつし嫌いになる傾向がありました。当時はわからなかったのですが、「私の本当の姿を見破ることができないなんて、バカな子だわ」と思ったのです。私の本当の姿とは「親にすら愛されない恥ずかしい子」というものでした。

自分の食べ方が変

中学生のころ、自分が太ってきていることに気がつきます。また、今まで自分が思っていたより自分はかわいくもないし頭もよくないし、取るに足らない存在に思えました。そして食べ物をコントロールすることを始めます。やせるためというよりむしろ、まだコントロールできるものが欲しい、そしてその達成感が欲しかったのです。

そしてこのころ「なんだかしんどい」「明日になるのが不安」「何かが怖い」の感覚は増強していきました。皆はどうなんだろう、皆私のように不安や恐怖に耐えて、それでもああやって楽しそうに生きているんだろうか。友だちと一緒にいて本当に楽しいのだろうか、無理しているんだろうか、私は特別精神的に弱いのだろうか……。このころクラスの前で歌を歌わされ、口元が引きつってすごく恥ずかしい思いをしたのをきっかけに人前に出ることが非常に苦痛になります（今も苦手です）。

それでも中学時代はなんとか切り抜けます。高校生になると学力が同程度の人が集まりますから一段と努力することを自分に強いました。最初の数学のテストはクラスで一番でした。

自分の「食べ方が変」なことに気づいたのは高二の時です。チョコレート三枚を一度に食べてしまったのが最初のころにあったのを覚えています。その後は雪だるま式に量が増えていきました。部活（バレーボール部）もなんとか続けていましたが、やめることばかり考えていました。過呼吸で倒れたことがしばしばありました。おばあちゃんを危篤にまでして過食のために部活を早退しました。

過食の症状が現れる前、私はある試みをしました。完ぺき主義を直すため、勉強の手を抜こうとしました。私がこんなにしんどいのは自分をリラックスさせてあげないからだ、このまま張り詰めていては生きていかれない、肩の力を抜く必要があると思ったのです。しかしこれがうまくいかず、完ぺきにやろうとしないと、もう手をつけることすらおっくうになり、教科書もろくに開かずテストをうけました。その直後に過食の症状が現れたように思います。

過食とダイエットを繰り返す

高校時代は、そのほとんどを過食が占めていて、あまり覚えていません。修学旅行や卒業式もあまり記憶に残っていません。とにかく早く高校を終えたい、そして新しい環境で新しい私に生まれ変わりたいと思っていました。

なんとか短大に入りましたが二年に入ってやめました。このころもずっと過食とダイエットを繰り返し、きれいな女の子ばかり（そう感じました）の短大生の中で六〇キロの私はひどく醜く感じられました。授業中に化粧直しする習慣や女の子同士の会話についていけませんでした（普通の女の子が興味のあることに興味がなかったし、それどころじゃなかったので知らないことが多すぎました）。対人恐怖がひどくなりました。

そもそも女友だちというのがどういうものかわかりませんでした。女どうしということはライバルどうし以外の何ものでもありませんでした。不幸にも中学のころから何とか続いていた私の女友だちは、非常にきれいでかわいくてやせていて頭のいい子でした。彼女と緊張しながら会い、ひとりで勝ち負けを競い、いつもうちのめされていました。また、女性を軽べつしてもいました。「女なんてつまらないことばかりしゃべっている」「女は人の悪口を言うのがコミュニケーションなんだ」「私はそこいらの俗っぽい女の子とは違う」そんなふうに思っていました。

高校は都立で制服がなく、体操着はそれぞれの部活で着ているものでやっていました。運動部に入っていない人はTシャツにジャージでした。ところが短大に入ってすぐ、「体操服を買うよう」に言われ、なぜそんな必要があるのか聞くと「見栄えがいいから」との答えにあ然としたことがあります。こんなふうに現実的に問題と向き合ったのはこのくらいで、あとは過食と対人恐怖に逃げ、中退しました。親は休学を勧めましたが、もしもう一度学校に戻ることがあっても、ここには戻らないという気持ちは確実で、親にお金を出してもらうのも気が引けて退学しました。

一から十まで何もできない感じ

自分の異常な食べ方と苦しさを何とか解明したくていろんな本を読みましたが一〇年以上前の当時、あまりそういう本がなく、やっと「彼女たちはなぜ拒食・過食に走るか」という本を見つけました。その本を母に読んでもらいたくて、母の目につくところに置いてみたのですが読んでくれた気配もなく、私から「私もこんなふうですごく苦しいの」と本を差し出すこともできず、自分で保健所に電話したりしながらT大学のカウンセリングに通うようになりました。このころのことを母は「現実を見つめるのが怖かった」と言います。

そのうちに生きているのがつくづく嫌になり、二階の自分の部屋でクスリを多めに飲みました（と言ってもかわいい量で本当に死ぬ気まではなかったんだと思います）。階下では母と妹の笑い声が聞こえていました。このまま死んだら後悔する両親や嘆き悲しむ妹の顔が見れないと思い、次には、皆そんなに悲しまないんじゃないかと思い、そして死ぬのが怖くなりました。

私は泣きながら「クスリ飲んじゃった」と階下に向かって叫びました。慌てて父と母が上がってきたと思いますが、このとき父に抱き締められたのを覚えています。その後精神科で入院を勧められ、「とにかくひっそりと休みたかった」私は入院することにしました。ドクターに「楽しいぞ」と勧められた入院先は、閉鎖の精神病院でした。私のような食事に問題のある患者はいませんでした。三回入退院を繰り返しました。二回目の時は、わずかなすきをついて病院を脱走し、サンダル履きのままタクシーに乗り、家に逃げ帰りました。

しかし母に「困ったわね」といわれてしまいます。私はテーブルやイスをケッとばしました。怒りと悲しみでそうせずにはいられませんでした。「親ならたとえ娘が異常でもおかしくなっていても、守ってよ、家に置いてよ」、そう胸が叫んでいました。

しかし、私の選んだ行動は病院に帰ることでした。母を困らせてはいけない、家族に迷惑をかけちゃいけない、みんなのためにも私のためにも病院に戻ることが一番なんだ、それしかないんだ……。「またよろしくお願いします」と担当医に謝り、戻ってきたことはそのドクターに評価されました。「やっぱりこれでよかったんだ」と、胸の中で小さくつぶやきました。

病院に戻ってきてすぐおかしな状態になります。眠れない、自分が何をしているのかわからない、字が小さくなりついには書けなくなる、ウロウロしてばかりで一か所にいられない、足の裏にムシがはっているような感じ……。

洗濯もできず、歯も磨けなくなりました。「一から十まで何もできない」という感じでした。

夜眠れず怖かった私は、人に空腹時に眠剤を飲むと効くと聞き、食事を減らし始めます。そして拒食が始まりました。その後病院からアルバイトに出ることを試みてはすぐ失敗したり、五百円握らされて外出することで盗みを覚えました。

退院しても過食がはじまれば「ハイ、また入院」という思考回路が家族にも私にもできあがっていたので、何回でも繰り返すに決まっています。絶望的でした。

「あなたには仲間が必要なのです」

そして四回目の入院か、という時に、第二回のナバ（注：NABA、摂食障害者の自助グループ）のワークショップに参加することができました。ワークショップ前日に母が電話をかけてくれて、あまり直前なので宿泊はできないということでしたが参加することができました。Sさんが応対して下さいました。この時のこと、覚えていないのですが、「もう病院もクスリも嫌だー」と絞り出すように私が言ったそうです。そして母が動いてくれました。

そのワークショップで初めて斎藤先生にお会いしました。……といっても「ヤセボケ」（先生にそう言われました）の私はあまり覚えていません。ただ覚えているのは、先生が「あなたにはクスリもベッドも必要ありません。仲間が必要なのです」とおっしゃったこと。そして本当に仲間がいたことです。その仲間五〜六人と輪を作って話をし、私はふいに何かにつかれたようにその場にしゃがみこんで泣いたのを覚えています。

ようやく私は人間として現実の世界に戻ってくることができました。

その後しばらくは病院が、警察が、私を捕まえに来るんじゃないかという不安に怯えていましたが、「今度はきっと親が私を家に居させてくれる。斎藤先生が病院に行かなくていいと言ってくれる」と信じて恐怖を追い払いました。

「食べたかったら食べなさい」の一言は、私の当時の発想を一八〇度ひっくりかえすものでした。私は幸せな過食と閉じこもりの半年を過ごしました。最初の二カ月で二〇キロ太りました。でも「どうでもいい」と思いました。「一〇〇キロになってもいい、家から出なきゃいいんだ」と開き直り、不安や自己嫌悪はあっても、私にとっての子宮体験（過食と閉じこもり）の満足感と安全感の方が大事でうれしかったのです。

落ち込むとワークショップで知り合った仲間と電話で三時間でも四時間でも話しました。こんなに人と語り合った時期はありません。外に出て仲間と会うことはしばらくできなかったけれど、閉じこもっている私を三〜四人の仲間が温かく見守ってくれているのを感じました。

「私はひとりじゃない。ただひたすら食べて寝ている私でも許されている」。幸運にもこんな感覚を味わうことができました。だから私の故郷はここです。食べて寝て、外に出なかった期間、電話線だけが外界との接点で、栄養を、仲間の声を運んでくれていた期間が今の私を支えています。


「食べ物とセックスしなさい」

人間としてこの世にもう一度舞い戻った私は、このころ不思議な夢をみました。一つは「食べ物とセックスしなさい」という課題が斎藤先生から出されたという夢です。食べ物とセックスなんてどうやったらできるのか夢の中で途方に暮れていましたが、自分の身体より大きな食べ物（パンだったかな？）が出てきて、私はそれにしがみついていました。

もう一つは現実的な夢で、私が母と妹に「私だってこんなふうじゃなかったら人生を楽しめるのに……」と悲劇のヒロインの台詞を言います。同情と悔恨を期待して返ってくる言葉を待っている私になんと、

「だったらあなたも楽しめばいいじゃないの」

という言葉が返ってきます。夢の中で私は、壁をかきむしるほど苦しい思いをしました。その他にも夢とも現実ともつかないような夢をたくさんみました。

それから、まるで失っていた記憶が急に戻ったような感じで、ふいに「私に友だちがいた」ことを思いだします。入退院を繰り返していたころにも、高校の男友だちが二人と中学からの女友だち一人は時々連絡をくれていたのでした。が、このころまでまるっきり私の中にありませんでした。

そして、男友だちの一人に手紙を書き始めます。返事が来ないのに何故か三通ほど

手紙を出し、ようやく返事をもらい久しぶりに会うことになりました。六〇キロ以上あった私は少し恥ずかしかったのですが、この人に会うことのほうが大事でした。

その晩、居酒屋でずいぶん語り合いました。そしてこの男友だちと恋人としてつき合います。この人とつき合った三年間で私は成長し、そして苦しくなってケンカばかりするようになって別れて……そしてまた私は成長したと思います。今でもたまに電話で話したり、時には会ったりします。いつの間にか彼も、自分のアダルト・チルドレン性や共依存を自覚するようになり、先生の本も読んでいるそうです。

閉じこもりから少しずつ外に出るようになり、バイトをやってみてはやめ、やってみてはやめを繰り返していましたが（長くて三カ月、短くて半日）、E先生のカウンセリングを受けながら、いつのまにか会社員として三年半勤められるようになっていました。

職場の人間関係に恵まれ、かわいがられました。お世話になった先輩には「マリちゃん、カウンセリングで六千円も払うんなら私と飲みに行こう」と言われ、彼女なりの方法で本当にお世話になりました。

ただ会社の中で「素直で働き者のマリちゃん」のイメージが息苦しくて、このままだとこのままなんじゃないかと思い、思い切って辞職し、その夏、斎藤先生の企画したサンフランシスコのワークショップに参加して今に至っています。

私は私のストーリーをとても愛している

こうやって自分のストーリーを書いてみると、出だしの疑問はあっけなく消え去りました。いつの間にかまた、人と自分を比べていたんですね。あの人は私より大変だったとかえらいとか……。でもそうだとしてそれが一体何の意味を持つのか、私にどんな関係があるのか……私は私です。

それに私の物語って、とても摂食障害者らしいですね。そのものという感じ。そして、私は私のストーリーをとても愛していることに気づきました。だれのストーリーとも取り替えたくありません。この感覚はきっと、自分や人や子供に対する愛に近い感覚だと思います。

母は来年、オーロラを見に、アラスカに行くんだそうです。

私は何かに守られていることを信じることができます。

マリ

あとがき

この本の骨格は、別の本（『「自分のために生きていける」ということ』大和書房）と同時につくられた。

その本のためのインタビューを受けているうちに、母親について語る部分が多くなって、「母についての本」を独立させようということになったのである。

そういうわけで骨格だけは早くからできていたのだが、なかなか手を入れる気にならなかった。「母なるもの」について語るとなると、あれもこれもいっておきたいと考えてしまったからである。結局今回は、そのごく一部だけについて、第1章に書き下ろしの文章を付け加えるにとどめた。

プロローグと第5章の末尾に挿入した二通の手紙も、最後に付け加えた。プロローグの手紙は今悩んでいる人のもの、最後の手紙の差出人であるマリも以前大きな悩みを抱えていて、二人はいずれも三〇歳を過ぎたばかりの女性（当時）である。

二人とも一時期、放心したように呆然と過ごし、その間のことはよく覚えていない。

二人とも母親についての複雑な思いがある。

一方では母親が自分に十分な関心を払ってくれなかったという怒りを感じながら、他方では母親への漠然とした罪悪感を抱えている。


二人の間には違いもある。プロローグの手紙の人は、今でも無気力、白昼夢などの感情麻痺を感じているが、マリにはそれがない。

彼女たちの母親の感じ方にも相違があって、マリの母親は自分とマリの感情を融合させてきたことの過ちに気づき始めていて、それにともなってマリという娘の子育てに関して、理不尽な罪悪感を感じないですむようになっている。

一方、プロローグの手紙の人の母親は、今、罪悪感の真っ只中にいる。

人はそれぞれ、自分の限界の中で、良かれと思うことを一心にやって生きている。自分が善意でやってきたことに罪悪感を感じてしまっては、自分にやさしいとはいえない。理不尽な罪悪感と、それにともなう恨みの感情は人を不幸にするから、こうしたものからは早く離れたほうがいい。

この二通の手紙を挿入しようと決めたことで、ようやく私はこの本を世に出す気持ちになれた。これらの手紙の収載を許可してくださった二人の人、インタビューをまとめてくださった石川敦子さん、この本の編集を担当してくださった近藤美由紀さん、皆さんのご協力に心から感謝いたします。

斎藤　学

本書は２０１２年３月に小社より刊行された『インナーマザー』を再編集したものです。

斎藤 学

さいとう・さとる

家族機能研究所代表・精神科医

1941年、東京都生まれ。慶應義塾大学医学部卒業。医学博士。

家族機能研究所代表。元・医療法人社団學風会さいとうクリニック理事長。

アルコール依存・薬物依存などの嗜癖（依存症）研究の第一人者。

過食症・拒食症、児童虐待など、多岐にわたる「現代社会の病」をつきつめていくと、健全に機能していない「家族」のあり方にその要因をみることができると説く。独自のスタイルで
治療・研究を行い、各方面から厚い信頼と支持を得ている。

セルフヘルプ（自助）グループの活動支援、執筆、
講演などでも活躍中。

『「自分のために生きていける」ということ』（だいわ文庫）、

『すべての罪悪感は無用です』（扶桑社）など著書多数。

インナーマザー

あなたを責《せ》めつづける
心《こころ》の中《なか》の「お母《かあ》さん」を手放《てばな》す

2025年5月1日　第一刷発行

著　者　　斎藤《さいとう》　学《さとる》
発行者　　佐藤靖
発行所　　大和《だいわ》書房
東京都文京区関口1-33-4
電話　03-3203-4511

ブックデザイン　モドロカ
編　集　　野牧　峻（大和書房）
本文印刷　シナノ印刷
カバー印刷　歩プロセス
製　本　　ナショナル製本

ISBN978-4-479-76168-6

https://www.daiwashobo.co.jp